BIBLIOTHÈQUE SPÉCIALE DE LA SOCIÉTÉ
DES
AUTEURS ET COMPOSITEURS DRAMATIQUES

LA
FILLE DE ROLAND

DRAME EN QUATRE ACTES EN VERS

PAR

LE VICOMTE

HENRI DE BORNIER

Représenté sur le Théatre-Français
le 15 février 1875.

—

HUITIÈME ÉDITION.

PARIS

E. DENTU, ÉDITEUR

LIBRAIRE DE LA SOCIÉTÉ DES GENS DE LETTRES
ET DE LA SOCIÉTÉ DES AUTEURS DRAMATIQUES

PALAIS-ROYAL, 17-19, GALERIE D'ORLÉANS

1875

LA
FILLE DE ROLAND

DRAME.

CLICHY. -- Imp. Paul Dupont, 12, rue du Bac-d'Asnières. (323.3-5.

LA
FILLE DE ROLAND

DRAME EN QUATRE ACTES EN VERS,

PAR

LE VICOMTE

HENRI DE BORNIER

Représenté sur le Théatre-Français
le 15 février 1875.

HUITIÈME ÉDITION.

PARIS

E. DENTU, ÉDITEUR

LIBRAIRE DE LA SOCIÉTÉ DES GENS DE LETTRES

ET DE LA SOCIÉTÉ DES AUTEURS DRAMATIQUES

PALAIS-ROYAL, 17-19, GALERIE D'ORLÉANS

—

1875

Tous droits réservés

A. M. ÉMILE PERRIN

ADMINISTRATEUR GÉNÉRAL DU THÉATRE-FRANÇAIS

Monsieur,

Permettez-moi de vous offrir ce drame.

Son succès a dépassé mes espérances ; je le dois à vos soins, à votre science du théâtre, à vos conseils littéraires, à cette sympathie d'un cœur et d'un esprit élevés qui gagne le public et protége l'œuvre.

Croyez, Monsieur, à toute ma reconnaissance comme à tout mon attachement.

Henri de BORNIER.

Paris, 16 février 1875

PERSONNAGES.

L'EMPEREUR CHARLEMAGNE. . . . . MM. Maubant.
GÉRALD . . . . Mounet-Sully.
LE COMTE AMAURY. . . . . Dupont-Vernon.
RAGENHARDT, Saxon . . . . La Roche.
LE DUC NAYME . . . . Martel.
RADBERT, moine. . . . . Chéry.
NOÉTHOLD, chevalier sarrazin . . . . . Villain.
RICHARD, ancien écuyer de Roland . . . Richard.
GEOFFROY, ⎱ seigneurs de la cour de Char- ⎰ Charpentier.
HARDRÉ, ⎰ lemagne. ⎱ Jolyet.
BERTHE . . . . MMmes Sarah-Bernhardt.
THÉOBALD, page. . . . . Martin.

813 — 814.

LA

FILLE DE ROLAND

DRAME

ACTE PREMIER.

Une vaste salle dans le château de Montblois. — Au fond, une galerie ouverte par laquelle on aperçoit le cours du Rhin et les montagnes de la Saxe. — Tours et tourelles.

SCÈNE PREMIÈRE.

RADBERT, THÉOBALD, Serviteurs travaillant à fourbir des épées, des arcs. Radbert est assis devant une table où est une sorte d'échiquier.

RADBERT.

Théobald, vois un peu s'il n'arrive personne
Près des bois, du côté de la Marche saxonne?

THÉOBALD.

Pas encor, sire moine.

RADBERT.

        Et près du Rhin?

THÉOBALD.

Non plus.

RADBERT, à part.

Pourtant le comte, après deux mois d'absence...

(Aux serviteurs.)

Or sus,
C'est l'heure du repos. Mais laissons aux esclaves
Les vils plaisirs : il sied que les vôtres soient graves.
Venez ! — Voyez ce jeu. Jeu très-noble !

THÉOBALD, se rapprochant de la table.

Est-il vrai ?

RADBERT.

Inventé l'an dernier par Wibold de Cambrai,
Pour Charlemagne même.

THÉOBALD.

Oh ! ce jeu, j'imagine,
Doit être digne en tout d'une telle origine.

RADBERT.

Oui, par son nom d'abord. C'est le *jeu des vertus* :
Les joueurs à ce jeu ne sont jamais battus ;
Je vais vous l'expliquer.

THÉOBALD.

Moi, je suis tout oreilles.

(Les serviteurs se groupent autour de Radbert.)

RADBERT.

Ce tableau se divise en cases bien pareilles,
Cinquante-six... Voyez ! Sur chacune est écrit
Le nom d'une vertu du cœur ou de l'esprit...

THÉOBALD.

Cinquante-six vertus ! C'est une forte somme,
Et pour les pratiquer c'est bien peu d'un seul homme !
Et comment s'y prend-on, sire Radbert ?

RADBERT.

Voici :

On a chacun trois dés, on les agite ainsi...

THÉOBALD.

Très-bien !

RADBERT.

Sur l'échiquier au hasard on les jette;
On lit, d'après la case où chaque dé s'arrête,
Le nom des trois vertus que désigne le sort,
Et l'on doit, tout le jour, par un sincère effort,
Pratiquer ces vertus, petites ou majeures.

THÉOBALD.

Tout le jour, seulement?

RADBERT.

Le jour de vingt-quatre heures!

Essayons.

THÉOBALD, regardant au dehors.

Sire moine, il me semble là-bas
Voir venir... C'est le comte Amaury, n'est-ce pas ?
Oui, messire, c'est bien le comte, notre maître;
Je ne me trompe pas : j'ai pu le reconnaître ;
C'est bien son gonfanon vert et bleu... Quel bonheur,
De le revoir enfin, notre maître et seigneur !
Certes, c'est qu'il n'est point, du Rhin à l'Aquitaine,

De cœur plus généreux et d'âme moins hautaine;
Seulement dites-moi, messire chapelain,
D'où vient qu'à la tristesse il est toujours enclin :
Excepté quand son fils est là, l'on pourrait croire
Que quelque souvenir tourmente sa mémoire...

RADBERT, vivement et montrant la table où il conduit Théobald.

C'est le *jeu des vertus* qui répondra pour moi.
— Jette un dé.

THÉOBALD, jetant un dé et lisant sur l'échiquier.

« De juger tes maîtres abstiens-toi. »

RADBERT, prenant Théobald par l'oreille.

Tu vois !

(A part.)

Notre âme en vain se voile et se retire,
Le regard d'un enfant saura toujours y lire !

THÉOBALD, qui de nouveau a regardé au dehors.

Sire moine, au manoir le comte vient d'entrer.

RADBERT.

Enfin, le voici donc !

(Les serviteurs sortent d'un côté. Entre Amaury.

SCÈNE II.

RADBERT, AMAURY.

AMAURY, saluant Radbert.

Dieu vous puisse honorer !

RADBERT, rendant le salut.

Dieu nous rende meilleurs !

AMAURY, cherchant autour de lui.

                Mon fils ?... Mon fils ?... de grâce !
Répondez vite...

                RADBERT.

        Aucun danger ne le menace :
Des colons sont venus l'avertir ce matin
Qu'un auroch ravageait leurs terres près du Rhin,
Et sur l'heure, suivi d'une escorte nombreuse,
Gérald partait... Croyez qu'il fera chasse heureuse.

                AMAURY.

Bien ! — Qu'on nous laisse seuls.
                        (Les serviteurs sortent.)
                Pardonnez-moi, Radbert,
Mes craintes pour mon fils : j'ai déjà tant souffert,
Vous le savez, hélas ! et souffert par ma faute,
Que j'attends chaque jour le malheur comme un hôte !

                RADBERT.

En effet, vos regards tristes, votre pâleur...
Dieu vous enverrait-il quelque nouveau malheur ?

                AMAURY, s'asseyant sur le fauteuil à droite.

Quel que soit le malheur dont le destin m'accable,
Je le supporte en homme et l'accepte en coupable !

                RADBERT.

Coupable, vous l'étiez, et... trop certainement!
Le crime était en vous, sur vous le châtiment ;
Partout on vous nommait traître, perfide, infâme :
J'ai sauvé votre corps, puis j'ai guéri votre âme.

De mes efforts constants je suis récompensé,
Puisqu'il ne reste en vous rien de l'homme passé ;
Vous avez par vingt ans de dure pénitence
De votre premier juge effacé la sentence,
Et ce long repentir, de vos fautes vainqueur,
En vous a tout changé, le visage et le cœur ;
Oui, quand je vous regarde et quand je vous écoute,
Votre passé me semble un mensonge, et j'en doute ;
Nul ne reconnaîtrait dans le comte Amaury
L'homme que Charlemagne autrefois a flétri ;
Et vous pourriez parler à présent de cet homme
Comme d'un étranger que par hasard on nomme

AMAURY.

Vous vous trompez, mon père : il est des crimes tels
Que, même l'arbre mort, ses fruits sont immortels !
Vous ne savez pas tout ; vous ignorez encore
Quel nouveau désespoir maintenant me dévore ;
Vous ne m'avez connu, condamné qu'à demi ;
Eh bien, écoutez-moi.

RADBERT.

J'écoute, mon ami.

AMAURY.

Vous connaissez, Radbert, le but de mon voyage,
Ou plutôt de ce long et dur pèlerinage :
Je sentais, j'étais sûr, qu'en retrouvant les lieux
Témoins de mon forfait, je le pleurerais mieux.
Poussé par ce désir qu'en vain l'âme comprime,
J'avais soif de revoir le théâtre du crime,
Ces monts pyrénéens et ce fatal vallon

Où Roland a péri, livré par Ganelon !
Je les reconnus trop, ces pics tristes et sombres,
Ces torrents, ces pins noirs aux gigantesques ombres ;
C'était bien Roncevaux ! Seulement, par endroits
L'herbe verte était plus épaisse qu'autrefois !
C'est qu'ils ont lutté là, lutté sans espérance,
Pour le grand Empereur et pour la douce France,
Les superbes héros, mes nobles compagnons,
Dont j'ose à peine encor me rappeler les noms ;
C'est que de leur sang pur cette terre est trempée,
C'est que si je cherchais du bout de mon épée,
En remuant le sol, sans doute je pourrais
Retrouver un ami dans ce que j'y verrais !
C'est qu'on découvre encor, sous les roches voisines,
Des cadavres percés des flèches sarrazines !...

RADBERT.

Calmez-vous, Amaury !

AMAURY.

Moi ? Je suis Ganelon,
Ganelon le Judas, le traître, le félon !
Je restai là trois jours ; au fond de ma pensée
Je revoyais mon crime et ma honte passée,
Ma haine pour Roland, ma jalouse fureur,
Nos défis échangés aux yeux de l'Empereur,
Les douze pairs livrés aux Sarrazins d'Espagne
Par moi comte et baron, parent de Charlemagne !
Il me semblait entendre, au milieu des rochers,
Nos preux tomber surpris par les coups des archers,
Olivier et Turpin, mouvantes citadelles,

Terribles, se ruer parmi les infidèles,
Et Roland, dans la mort sublime et triomphant,
Faisant trembler les monts du son de l'oliphant !
— J'étais là seul, mon âme en mon crime absorbée,
Frissonnant, à genoux, la poitrine courbée ;
Je priais, je pleurais ; la nuit autour de moi
Descendait, pénétrant mon cœur d'un vague effroi.
Tout à coup retentit le tonnerre, et la rage
De l'ouragan me vient rappeler cet orage
Dont Charlemagne, au bruit du tonnerre roulant,
Disait : C'est le grand deuil pour la mort de Roland !
A tous ces souvenirs la force m'abandonne,
Et j'embrasse la terrre en m'écriant : Pardonne !
Avant la mort, grande ombre, accorde-moi la paix,
Suis-je donc condamné pour jamais ? — Pour jamais !
Répondit une voix. Je relevai la tête,
Et je crus voir, je vis, sous l'horrible tempête,
Parmi les rocs fumants qui m'entouraient partout,
Un homme, un chevalier, immobile et debout.
Un blanc linceul couvrait jusqu'aux pieds le fantôme,
Mais laissait deviner la cuirasse et le heaume ;
Et la voix même avait cet accent souverain
Et rude qu'elle prend dans le casque d'airain.
— Eh ! quoi, Roland ! criai-je, ô martyr que j'implore,
Pas de pardon, jamais ? — Jamais ! répond encore
La voix sinistre. Au loin, de sommets en sommets,
La montagne redit le mot fatal : Jamais !
Et moi, qu'avait brisé cet arrêt de la tombe,
Je tombai sur le sol comme un cadavre tombe.
Quand je me relevai, le jour brillait aux cieux,
Et je redescendis le mont silencieux.

Un moment, je voulus au fond de ces retraites
M'ensevelir, ainsi que vos anachorètes ;
Mais je me rappelai, mon père, vos avis :
D'autres devoirs me sont imposés : j'ai mon fils !

RADBERT.

Comte, votre récit n'a rien dont je m'effraie :
Ainsi plus d'une fois se rouvrira la plaie !
Éloignez maintenant, d'autres soins occupé,
Ces vaines visions de votre esprit frappé.
L'écho répondait seul à votre voix fiévreuse,
Et l'ombre de Roland serait plus généreuse ;
Les vivants, dont la haine irrite les tourments,
Osent dire : Jamais ! — Les morts sont plus cléments !
Que votre fils soit donc votre unique pensée,
Que par vous vers le bien sa route soit tracée ;
Sans chercher plus avant dans les secrets des cieux,
Je sais qu'il est loyal autant qu'audacieux,
Qu'il se fait de l'honneur l'image la plus haute...

AMAURY.

Ah ! Radbert, si jamais il apprenait ma faute,
S'il apprenait mon nom, mon vrai nom...

RADBERT.

                              Il faudrait,
Même alors, bénir Dieu dans tout ce qu'il ferait !
Dans ses desseins profonds mettez votre assurance ;
Comme un bienfait, de lui recevez la souffrance,
Car pour l'âme, souillée encor malgré nos soins,
Toutes larmes de plus sont des taches de moins !

AMAURY.

Oui ! — Dites-moi pourtant, malgré ma prévoyance,
Gérald n'a-t-il aucun soupçon de sa naissance ?
Sur moi, sur mon passé, n'a-t-il rien découvert ?
Avons-nous fait assez pour le tromper, Radbert ?

RADBERT.

Nous avons tout prévu : ne craignez rien.

AMAURY.

Peut-être !
À son âge l'esprit cherche et veut tout connaître ;
Vous parle-t-il parfois de sa mère ?

RADBERT.

Souvent.
Mais je trouble à dessein ses souvenirs d'enfant ;
Son jeune cœur, suivant la pente naturelle,
N'en croit que mes récits sur vous-même et sur elle :
Il ignore son rang, ses malheurs, son vrai nom ;
Ainsi, rassurez-vous.

AMAURY.

Je le devrais... mais non !
Il me semble souvent en mon ignominie
Que ma faute n'est pas encore assez punie,
Quand, pour me rappeler mon opprobre immortel,
Je pense au jour où, moi ! j'ai conduit à l'autel
La veuve de Milon, duchesse de Bretagne,
La mère de Roland, la sœur de Charlemagne !
Charlemagne, debout sous le grand dais royal,
Me dit en souriant : Mon frère, sois loyal !

Et Roland, sans un mot de jalousie amère,
Tendit sa main vaillante au mari de sa mère !
— Ah ! dans ce jour d'orgueil, que ma honte a payé,
Que ne suis-je tombé, sous leurs yeux, foudroyé !
Et vous-même, Radbert, le jour de mon supplice,
Il fallait me laisser mourir ; c'était justice;
Et ce corps vil, sanglant, meurtri, percé de coups,
Il fallait le laisser la pâture des loups !
J'ai souffert, depuis lors, ce qu'aucun mot n'exprime,
Ma chair même a gardé le long frisson du crime !
Mais de tous les tourments le plus cruel pour moi,
C'est mon fils ! Tout mon cœur, Radbert, bondit d'effroi
Quand je songe qu'il peut me dire un jour : « Ma mère
« Fut celle de Roland ; qu'as-tu fait de mon frère ? »
Quand je songe surtout que, demain, aujourd'hui,
Le poids de mon forfait peut retomber sur lui !
— Ecoutez... écoutez... Quelle terreur me glace !
(On entend une fanfare au dehors.)
Le son de l'oliphant ! — Ce n'est pas l'air de chasse
De Gérald. C'est un air de combat.

RADBERT, regardant au dehors.

C'est bien lui,
Gérald... Une étrangère... un Saxon captif...

AMAURY, regardant également.

Oui !

2

SCÈNE III.

Les Mêmes, BERTHE, GÉRALD, RAGENHARD enchaîné
et maintenu par des esclaves.

GÉRALD.

Mon père !

AMAURY, le pressant dans ses bras.

Mon Gérald ! — Mais dis-moi... car j'ignore...
Tu n'es pas blessé ?...

GÉRALD.

Non, par malheur ! Pas encore !
C'est par vous que j'appris qu'en faisant son devoir
La première blessure est douce à recevoir.
Eh bien, pour recevoir ma première blessure,
Aucun jour n'eût été meilleur, je vous l'assure !
(Regardant Berthe, qui est restée un peu en arrière.)
Mais les Saxons, madame, en fuyant sous mes coups,
M'ont à peine permis de combattre pour vous.

BERTHE, avançant, à Amaury.

L'éloge mérité que votre fils évite,
Il l'aura : Les Saxons ne fuyaient pas si vite !
Et tous mes serviteurs brusquement dispersés,
N'est-il pas vrai, messire, en témoignent assez !

AMAURY.

L'éloge pour mon fils est glorieux, madame !
Votre voix, vos regards, cette fermeté d'âme
Que tout annonce en vous après un tel danger,
Prouvent que rien de grand ne vous est étranger !

Chez le comte Amaury soyez la bienvenue,
Madame ! La demeure est pour vous inconnue,
Et sans doute vos pas pour la première fois
Viennent de rencontrer ce manoir de Montblois ;
Car ce fief est lointain et séparé des autres
Par de vastes forêts qui se joignent aux nôtres.
Comment donc, depuis quand, dans ce pays désert
Vous trouviez-vous?

BERTHE.

Je viens des rives du Wéser,
De Fritzlar, où souvent les filles de mon àge,
Au tombeau d'un martyr, vont en pèlerinage.
Nous descendions au fond de ce bois où s'étend
Un ruisseau lent et noir, une sorte d'étang,
Quand d'affreux hurlements, que l'écho nous renvoie,
S'élèvent, et, pareils à des bêtes de proie,
Des hommes d'un aspect formidable et hideux
Dispersent mon escorte et m'entourent. L'un d'eux
Cherchait à me saisir, et, l'injure à la bouche,
Me menaçait déjà de son geste farouche ;
Mais tout à coup sa main laisse échapper le fer,
Le cri guerrier : Montjoie ! a retenti dans l'air ;
C'était lui, votre fils. Souriant et tranquille,
Du cercle de son glaive il me fait un asile !
Bientôt les ennemis veulent fuir, mais en vain ;
Il les frappe, il les pousse au fond du noir ravin ;
Il semble avec regret voir décroître leur nombre,
Il poursuit les derniers sous la ramure sombre ;
Puis, revenant vers moi, sauvée enfin par lui :
« Allons ! nous avons fait bonne chasse aujourd'hui! »

AMAURY.

Bien, Gérald !

GÉRALD.

Je n'ai fait que mon devoir, mon père.
« Il sied de ne compter ses ennemis qu'à terre, »
M'avez-vous dit souvent. J'ai suivi vos leçons.
Mais je dois m'accuser aussi. — Quand les Saxons,
Éperdus et tremblants, ont fui sous mon épée,
Quand de leur sang j'ai vu ma main toute trempée,
Il m'a semblé, tuant pour la première fois,
Que tout changeait, mon cœur, mes sens, mes yeux, ma voix ;
Quel étrange pouvoir la victime abattue,
L'homme qui meurt a donc sur l'homme qui le tue !
Je me sentais saisi par un être nouveau,
Une rouge vapeur me montait au cerveau ;
Même quand l'œuvre est juste, il est étrange comme
Un reste de Caïn est caché dans tout homme !
C'est ainsi que j'allais, frappant, frappant toujours,
Non plus, tel que la veille, ou des loups ou des ours...
Des hommes ! Une chair faite comme la mienne !
— Mais quand j'eus dispersé cette horde païenne,
En revenant vainqueur, ivre encore et joyeux,
J'aperçus immobile et me suivant des yeux,
L'étrangère ! On eût dit que la victoire juste
La remplissait pourtant d'une tristesse auguste
Et qu'elle demandait à Dieu pour tous ces morts
Le pardon, pour sauver le vainqueur du remords
Alors, je compris bien que Dieu, qui nous envoie
Aux combats, en permet l'ardeur, mais non la joie !

— Un Saxon était là, le chef et le dernier ;
Décidez de son sort. Le voici prisonnier.

AMAURY, faisant signe de faire avancer le prisonnier.

Bien ! nous ferons de lui justice bonne et prompte.

BERTHE.

Pour cet homme soyez indulgent, sire comte :
Celui qui juge, Dieu plus tard le jugera.

AMAURY.

J'obéirai, madame, autant qu'il se pourra.
(Il se place sur un fauteuil élevé, ayant Radbert près de lui. Berthe et Gérald

restent un peu à l'écart.)
Quel est ton nom, païen ?

RAGENHARDT.

Ragenhardt.

AMAURY.

Et ton âge ?

RAGENHARDT.

L'âge de mon pays depuis son esclavage,
Trente ans.

AMAURY

Et tes parents ?

RAGENHARDT.

Mon oncle est Witikind

AMAURY.

Ton père ?

RAGENHARDT.

Il était roi quand Charlemagne vint.

AMAURY.

Et toi, le fils d'un roi, dans une embûche infâme,
Tu viens comme un bandit attaquer une femme?

RAGENHARDT.

Bandit... pour tout vainqueur c'est le nom du vaincu !
Toi qui peux me tuer, pourquoi m'insultes-tu ?

AMAURY.

La guerre a prononcé la sentence suprême;
Ton oncle Witikind a reçu le baptême;
De vos douze tribus les chefs se sont soumis,
Ils se sont faits chrétiens...

RAGENHARDT.

    Les pères... mais les fils !
Mon père, à moi, d'ailleurs, a dédaigné de vivre;
J'ai sa mort à venger, non son exemple à suivre;
Je l'ai vu par les Francs massacrer sans pitié,
J'étais bien jeune... mais je n'ai rien oublié!

AMAURY.

Tout Saxon, d'ordinaire, est habile et perfide,
A cacher ses desseins son esprit est rapide;
Cependant je crois voir plus de sincérité
Dans ton accent sauvage et ton œil irrité.
— Tu mérites la mort...

RAGENHARDT.

    Croit-on que je l'ignore?
Je venais pour tuer, tuez-moi.

AMAURY.

Pas encore.
Celle que tu voulais frapper si lâchement
Ici m'a demandé ta gràce en ce moment;
Je pourrais donc laisser ton crime sans vengeance.
Mais toi-même rends-moi possible l'indulgence :
Veux-tu rester en Gaule et te faire chrétien?
Tu sauveras tes jours à ce prix.

(Silence de Ragenhardt.)

Parle!... Eh bien?...
Ton sort est dans ta main, je te le dis encore.

RAGENHARDT.

Dieu peut-être a sur moi des desseins qu'on ignore;
Je ne peux refuser si j'en suis l'instrument;

(Regardant Amaury.)

J'accepte; mais hier, j'aurais fait autrement!

AMAURY.

Sois donc chrétien, Saxon, et dès ce jour commence
A prouver que ton cœur comprend cette clémence.

BERTHE, avançant vers Amaury.

Merci, comte! Il m'est doux, en vous disant adieu,
De penser que j'ai pu gagner cette âme à Dieu.

RAGENHARDT, dont on a détaché les liens, s'arrètant près de sortir.

Quoi! vous partez, madame?

BERTHE.

A l'instant. Que t'importe?

RAGENHARDT.

Et vous avez sans doute une nombreuse escorte?

BERTHE.

Non, mais j'espère ici, pour franchir les forêts,
Trouver des défenseurs.

GÉRALD.

Oui, certes ! ils sont prêts.

RAGENHARDT.

Ne partez pas, madame.

BERTHE.

Et pourquoi donc?

RAGENHARDT.

Chrétienne,
Ma générosité doit répondre à la tienne.
Les tribus des Saxons, sans attaquer Montblois,
Se répandront ce soir dans la plaine et les bois ;
Pour leur livrer bataille il faudrait une armée.
Restez donc dans ces murs quelque temps enfermée :
Je puis sans les trahir vous sauver de leurs coups,
Madame... Et maintenant, je suis quitte envers vous !
(Avant de sortir, regardant les autres assistants.)
— Vous, sachez-le : la Saxe est debout tout entière,
Le flot sombre et vengeur va franchir sa frontière.
La bataille sera dure, je vous le dis !
Le passé n'est pas mort. Charlemagne, jadis,
Donna l'ordre qu'en Saxe eût la tête coupée
Quiconque dépassait la hauteur d'une épée.
Ce fut trop peu ! Bientôt viendront vos repentirs.
O vainqueurs, prenez garde aux enfants des martyrs !
(Il s'éloigne au ond parmi os hommes du manoir.)

SCENE IV.

AMAURY, RADBERT, BERTHE, GÉRALD.

BERTHE.

Sire comte, chez vous me voilà prisonnière.
Savez-vous toutefois s'il est quelque manière
D'échapper aux Saxons en sortant de vos murs ?

GÉRALD.

Madame, il n'en est point.

BERTHE.

Tous, vous en êtes sûrs ?

AMAURY.

Oui, madame. Restez. Mais c'est vous qui, peut-être,
Protégerez ici la maison et le maître ;
Et j'ose dire, ému d'un respect grave et doux,
Comme autrefois Tobie : un ange est près de nous !

BERTHE.

Dieu préserve mon cœur des vanités frivoles !
Mais, comte, pour payer ces courtoises paroles
Et me montrer du moins digne d'un tel accueil,
Mon nom seul suffira, si je n'ai trop d'orgueil,
Et vous tressaillirez à tout ce qu'il rappelle,
Vous, chevalier de France et chevalier fidèle !

AMAURY.

Quel est-il donc, ce nom ? Parlez, parlez !

BERTHE.

          Je suis
Nièce de Charlemagne, orpheline depuis
Le jour de Roncevaux ; on appelait ma mère
La belle Aude, le duc Roland était mon père.

GÉRALD.

La fille de Roland !

AMAURY, reculant avec terreur et saisissant la main de Radbert.

    La fille de Roland !

RADBERT, bas.

Prenez garde, Amaury ! Vous êtes tout tremblant.

AMAURY.

Dieu juste ! Est-il possible ?

RADBERT, bas.

       Amaury, prenez-garde !
Soyez maître de vous : votre fils vous regarde !

AMAURY, se remettant un peu.

Madame, pardonnez mon trouble et mon émoi :
Ce grand nom de Roland, un soldat comme moi
Ne saurait l'écouter sans tressaillir dans l'âme...
Vous me l'aviez prédit ; pardonnez-moi, madame !

BERTHE.

Merci, comte Amaury ; sire Gérald, merci !
Mais oubliez mon rang en m'accueillant ici.
Auprès de l'empereur même j'ai l'habitude
De chercher le bonheur calme et la solitude ;
Je ne veux être ici que Berthe ; c'est mon nom.

AMAURY.

Gérald, le prisonnier vient d'affirmer... mais non !
Les hordes des Saxons peuvent, quoi qu'il en dise,
Même contre nos murs tenter quelque entreprise.
Qu'ils viennent attaquer les fossés ou la tour,
Je veux être au péril le premier, c'est mon tour !
Ne songe pas, Gérald, au trait qui peut m'atteindre,
Pour Berthe seule il faut veiller, il faut tout craindre,
Et si je méritais ce glorieux trépas,
Si je tombe à ses yeux, mon fils, ne me plains pas !
— Maintenant, aux remparts ! Que tous les hommes d'armes,
Nos colons et nos serfs, au premier cri d'alarmes,
Soient chacun à son rang ! Que les guetteurs de nuit
Restent l'oreille à terre, épiant chaque bruit !
— Vous, du poste avancé faites doubler la garde
Par nos meilleurs soldats... Mais ce soin me regarde.
— Toi, reste ici, Gérald ; c'est le poste d'honneur.

GÉRALD.

Merci, mon père ! Dieu me fera ce bonheur
De payer de nouveau la dette de la France
Au grand nom de Roland, j'en ai là l'espérance !
Je trouvais, pardonnez ! lorsque j'étais enfant,
Que vous ne disiez pas ce nom assez souvent
Je me le répétais mille fois à moi même ;
Roland fut mon héros, mon idéal suprême ;
Il me semblait — je sens mon orgueil aujourd'hui —
Que quelque chose en moi me rapprochait de lui ;
Dans mes rêves d'enfant en lui je croyais vivre ;
Il me semblait du moins le voir, l'aimer, le suivre
Dans sa gloire éclatante et dans ses fiers travaux,

Et comme lui tomber aux champs de Roncevaux !
Ah ! vous l'avez bien dit tout à l'heure : sa fille,
Nous la saurons défendre, et, dans notre famille,
Parmi nos gens, mon père, et dans notre maison,
Elle ne trouvera jamais de Ganelon !

AMAURY, bas.

Venez, venez, Radbert ! — Voilà ce qui dévore ! —
Venez !

GÉRALD.

Adieu, mon père ! Ici, jusqu'à l'aurore,
Debout, cherchant de l'œil l'ennemi prompt ou lent,
Votre fils gardera la fille de Roland !

SCÈNE V.

GÉRALD, BERTHE.

(Gérald est debout sur la galerie, regardant au loin vers le Rhin et la campagne.
Berthe regarde Amaury s'éloigner, puis elle s'arrête assez longtemps les yeux sur
Gérald immobile; enfin, elle parcourt lentement la grande salle, et arrive devant
la table où se trouve le *Jeu des vertus*.)

BERTHE.

Ah ! *le Jeu des vertus !* — Ce jeu me le rappelle,
Au palais de Lutèce ou bien d'Aix-la-Chapelle,
Charlemagne souvent, à cette heure du soir,
Me dit : « Prends ce jeu, Berthe ! Il faut aujourd'hui voir
« Quelles sont les vertus que le sort nous indique,

« Et qui de nous saura les mieux mettre en pratique. »
(Elle prend le cornet et agite les dés.)
Ce n'est qu'un jeu. Pourtant les inspirations
En sont bonnes toujours, très-bonnes! — Essayons.
(Elle jette les dés et lit sur le tableau.)
« Devant chacun, devant soi-même, être sincère. »
C'est facile, et cet ordre était peu nécessaire.
(Elle lit de nouveau.)
« Grande pitié pour ceux qui nous ont fait souffrir! »
Ah! si l'occasion venait à moi s'offrir,
Je voudrais pratiquer cette vertu céleste!
Et cependant, qui peut savoir! — Lisons le reste.
« Reconnaissance! » Bien!
Elle regarde du côté de Gérald, toujours immobile; elle reprend les dés et va les
jeter de nouveau, mais elle s'arrête comme ayant réfléchi.)
Aujourd'hui, c'est assez.
(La nuit tombe.)

VOIX D'AMAURY, au dehors.

Dieu nous garde : veillez!

GÉRALD, répondant.

Dieu nous garde : veillez!
(Une autre voix répète le cri plus loin.)

FIN DU PREMIER ACTE.

ACTE DEUXIÈME.

Même décor.

SCÈNE PREMIÈRE.

GÉRALD.

Berthe va donc partir ! La plaine est libre enfin :
Les tribus des Saxons ont repassé le Rhin,
L'armée impériale arrive sur leur trace ;
Dieu d'un nouveau combat ne m'a pas fait la grâce.
Demain, ce soir peut-être, elle va nous quitter !
— Tous les soupçons, du moins, j'ai su les éviter ·
Mon père ne sait rien ! Tout le monde l'ignore,
Ce secret de mon cœur !... Gardons-le bien encore !
— Ce silence me pèse... Il m'humilie, il ment,
Et la honte qu'il donne en est le châtiment !
— Raisonnons toutefois... Pourquoi ne pas me taire ?
Tout homme a son secret, toute âme a son mystère ;
La pudeur, la prudence, au cœur le plus loyal
Sont permises toujours... Et cependant c'est mal !
Les nobles sentiments dédaignent tous les voiles,
Le ciel n'est plus le ciel quand il n'a pas d'étoiles !
Mon secret dans mon sein ne peut plus s'enfermer :
Mon père saura tout ! — Mais pourquoi l'alarmer ?

Pourquoi livrer mon père à l'angoisse, à la crainte?
— Ciel! où donc ai-je appris cet art vil de la feinte?
Dissimuler, tromper, m'engager, le front bas,
Dans ces obscurs chemins que je ne connais pas!
— Cependant... si je dis la vérité, mon père
Ne me permettra plus ce départ que j'espère ;
Si je lui dis : « C'est pour la suivre que je pars ! »
Son refus est certain! — Hélas! De toutes parts,
L'ombre descend sur moi; partout, partout le doute.
Où donc est le devoir? Je cherche en vain la route..
Éclairez-moi, mon Dieu! J'aimerai la douleur,
Je bénirai le mal qui me rendra meilleur!

SCÈNE II.

GÉRALD, AMAURY.

AMAURY.

Ah! c'est toi, mon enfant?

GÉRALD.

Écoutez-moi, de grâce,
Mon père! Un tel aveu me trouble et m'embarrasse ;
Mais si j'ose parler aujourd'hui, croyez-bien
Que mon respect pour vous n'en doit souffrir en rien.

AMAURY.

Parle.

GÉRALD.

Eh bien, je voudrais — car si j'ai pu naguère
Poursuivre des Saxons, je n'ai pas vu la guerre...

Je voudrais partir, voir de vrais combats un jour,
Et faire à notre nom quelque honneur à mon tour.

AMAURY.

Je te comprends, Gérald : jeune, j'étais de même ;
C'est un noble désir que j'excuse et que j'aime.
Si ton éloignement est bien cruel pour moi,
Ta gloire et ton honneur me sont chers comme à toi.
Une guerre, dit-on, se prépare en Sicile,
Y prendre part, Gérald, pour toi sera facile.
J'y songerai.

GÉRALD.

Pardon, mon père ! mon espoir
Est de rester en France à faire mon devoir ;
Je veux être avant tout soldat de Charlemagne.

AMAURY.

Je te comprends encor. Les Sarrazins d'Espagne,
Après tant de combats sont encore insoumis ;
Tu trouveras en eux de dignes ennemis ;
Ils attaquent souvent l'Aquitaine voisine :
Tu verras donc, Gérald, la guerre sarrazine ;
J'ai là-bas des amis qui te feront accueil.

GÉRALD.

Plus grand est mon désir encore, ou mon orgueil :
Je voudrais guerroyer près de l'empereur Charles.

AMAURY.

Je comprends moins, Gérald, le désir dont tu parles ;
Fils d'un soldat obscur... Juge mieux ton erreur!
Qui donc te conduirait jusques à l'Empereur?

GÉRALD.

Dame Berthe..

AMAURY, lui prenant vivement les mains et le regardant en face.

Gérald !

GÉRALD.

Eh bien, oui, oui, je l'aime !
Loin de moi, loin de moi tout lâche stratagème ;
J'aime Berthe !

AMAURY.

Mon fils !

GÉRALD.

Oui, je l'aime ! Et ce mot
Semble élargir mon cœur à le dire tout haut !
Oui, mon père, je l'aime autant que je l'admire :
Ses yeux où l'on dirait qu'un coin du ciel se mire,
Son âme qui rayonne à travers la beauté,
Sa voix... Quel homme au monde aurait donc résisté ?
Je l'aime ! Est-ce folie ou raison ? je l'ignore.
Je l'aime ! Tout est là ; que vous dirais-je encore ?
Mais peut-être elle seule... O mon père, pardon !
Comprendrait mon amour...

AMAURY.

Elle l'ignore donc ?

GÉRALD.

Ayant eu le bonheur de défendre sa vie,
En loyal chevalier, après l'avoir servie,
Pouvais-je... votre cœur m'a déjà répondu !
Abuser en parlant du service rendu ?

AMAURY.

Ah ! je respire ! Eh bien, il faut que dès cette heure,
Gérald, de cet amour rien en toi ne demeure !
Il le faut, je le veux ! Toi, sans gloire, sans nom,
Sans aïeux... songe enfin, songe à tout !

GÉRALD.

Eh bien, non !

Eh bien, non ! J'ai pensé tout ce que vous me dites,
J'ai mesuré d'en bas les hauteurs interdites ;
J'ai vu, je vois toujours dans ma pensée en feu,
Roland, le preux martyr, le chevalier de Dieu,
Passer, après sa vie offrant sa mort féconde,
Aux acclamations de la France et du monde !
Je vois le souverain dont s'étendent les lois
Du pays des Pisans au pays des Gallois,
Charlemagne béni par l'évêque de Rome,
Plus qu'un roi, presqu'un dieu qui daigne rester homme,
Tranquille, dans sa main portant le globe d'or !
— Et pourtant j'aime Berthe, et l'aime plus encor,
Et je sens, dans mon cœur plus pur et plus fidèle,
Quelque chose de grand qui me fait digne d'elle !

AMAURY.

Non, tu n'en es pas digne ! Hélas ! non, non, hélas !
Je le veux, obéis ; tu ne la suivras pas !
Ou plutôt, je t'en prie au nom de ma tendresse,
J'ai commandé, j'eus tort, à ton cœur je m'adresse :
Tu ne me connais pas, c'est ma faute ; je suis
Triste et morne souvent, quelquefois je te fuis ;
C'est que je crains pour toi, cœur jeune et plein de flamme,
L'ombre que répandrait mon âme sur ton âme ;

Mais je t'aime, mon fils ! Ma gloire, ma vertu,
Mon bonheur, c'est toi seul, c'est toi seul, le sais-tu ?...

GÉRALD.

Mon père !...

AMAURY.

Eh bien, mon fils, juge de mes alarmes :
J'ai le cœur d'un soldat ; eh bien !... tu vois mes larmes !

GÉRALD.

Mon père !...

AMAURY.

Écoute-moi. Cet amour insensé,
C'est ta perte, Gérald, je le sens, je le sai,
Je le vois clairement ! Aujourd'hui l'espérance ;
Demain l'inquiétude, et bientôt la souffrance ;
Après, la jalousie avec tous ses poisons ;
Plus tard, les ennemis cachés, les trahisons,
La honte de tomber loin de son but, et même ;
Et surtout ! le dédain de celle que l'on aime !

GÉRALD.

Dieu !

AMAURY.

Pars, mais sache bien, mon fils, que j'en mourrai

GÉRALD.

Mon père !...

AMAURY.

Jure donc de rester !

GÉRALD.

C'est juré!

SCÈNE III.

Les Mêmes, RADBERT.

RADBERT.

Comte, du haut des tours le guetteur nous signale
Des cavaliers nombreux ; c'est l'escorte royale
Que dame Berthe attend. Moi-même j'ai pu voir
Qu'ils suivent le chemin qui conduit au manoir.
Le duc Nayme est leur chef, et c'est bien sa bannière,
Qu'on porte devant lui comme roi de Bavière.

AMAURY.

Le duc Nayme ! — Gérald, comme il est entendu,
Va, fais tout préparer.

(Gérald s'incline et sort.)

SCÈNE IV.

RADBERT, AMAURY.

AMAURY.

Radbert, je suis perdu !
Nayme, ce vieillard noble et loyal entre mille,
Ce Nestor des chrétiens dont Roland fut l'Achille,
Le duc Nayme chez moi, Radbert, chez Ganelon !
— S'il me reconnaissait !

RADBERT.

C'est impossible... Non !
On croit Ganelon mort au milieu des supplices ;
Et d'ailleurs, vos cheveux blanchis, vos cicatrices,
Ce sillon que vos pleurs ont creusé lentement,
Tromperont les regards...

AMAURY.

Eh ! le sais-je vraiment ?
L'homme garde souvent des traits que rien n'efface.
Si le duc me jetait mon vrai nom à la face,
Devant Gérald !

RADBERT.

Ami, courage jusqu'au bout !
Que le danger nouveau vous retrouve debout ;
Devant le duc prenez une calme attitude.
N'ayez dans vos regards aucune incertitude.
Allez vers lui, les yeux tranquilles, le front haut,
Et toutes vos terreurs disparaîtront bientôt ;
Les voici : prenez garde !

(Entrent au fond le duc Nayme et sa suite avec Gérald. Ragenhardt entre aussi, mais
reste à l'écart.)

SCÈNE V.

AMAURY, RADBERT, GÉRALD, LE DUC NAYME,
RAGENHARDT, foule de Chevaliers.

LE DUC NAYME, à Gérald, s'arrêtant sur le seuil.

Oui, chevalier, oui certe,

Faites de ma présence avertir dame Berthe ;

(Gérald donne tout bas un ordre à un serviteur, qui sort aussitôt.)

Notre père, Gérald... il est sans doute ici ;
Conduisez-moi vers lui...

GÉRALD.

Seigneur duc, le voici.

AMAURY, bas à Radbert.

Le duc Nayme !

RADBERT, bas.

Courage !

LE DUC NAYME, allant vers Amaury.

Au nom de Charlemagne,
Au nom du roi des Francs, empereur d'Allemagne,
Comte, je vous salue, et nous nous inclinons
Devant vous, moi, duc Nayme, et mes vieux compagnons.

AMAURY, bas, à Radbert.

Oui, je les reconnais ! Vont-ils me reconnaître,
Eux aussi? J'ai versé trop peu de pleurs peut-être !

RADBERT, bas.

Courage !

AMAURY, avançant.

Soyez tous, seigneurs, les bienvenus !

LE DUC NAYME.

Sire comte, vos traits ne m'étaient pas connus ;
Je distingue pourtant sur ce mâle visage
Du métier de la guerre un long apprentissage,
Comment se fait-il donc ?...

AMAURY.

C'eût été grand hasard

Que sur moi, sire duc, tombât votre regard :
Plus d'un soldat n'est pas connu du capitaine :
Simple écuyer du comte Amaury d'Aquitaine,
J'avais sauvé ses jours dans un péril très-grand,
Il me légua son nom et son titre en mourant.

LE DUC NAYME.

Titre et nom sont portés de façon digne et haute ;
Je suis fier aujourd'hui, comte, d'être votre hôte ;
Votre fils s'est conduit en noble chevalier,
Et son premier exploit ne saurait s'oublier.
— Venez, sire Gérald, mais c'est étrange comme
Votre aspect... A qui donc ressemble ce jeune homme ?

AMAURY, à part.

Grand Dieu !

LE DUC NAYME.

Je ne sais pas... je ne me souviens plus ;

Laissez-moi rappeler mes souvenirs confus ;
Venez... plus près encor ! — Plus je vous considère...
Ah ! oui, c'est à Roland !

GÉRALD.

A Roland !

AMAURY, bas à Radbert, en lui montrant Gérald.

A son frère !

(Haut.)
Duc, l'orgueil paternel, par vous-même excité,
Me fait manquer aux lois de l'hospitalité.

— Esclaves, apportez le festin qu'on prépare.

(Les esclaves servent le festin sur des tables à gauche.)

LE DUC, prenant place à la table du fond, avec Radbert et Amaury.

Oui, je veux, comte, avant que l'heure nous sépare,
Qu'on. voie à vos côtés le duc Nayme et les siens,
Et que nous nous traitions déjà d'amis anciens.
Rompons ce pain, mon hôte, en signe d'alliance,
Puis, en gage nouveau de double confiance,
Remplissons et vidons la même coupe d'or.

(Le duc et Amaury boivent à la même coupe. Le duc s'assied et prend part au festin.

Gérald reste à droite. Radbert s'assied à la table à gauche.)

Comte, à notre festin manque un plaisir encor :
N'est-il pas parmi nous un jongleur, un trouvère ?
J'aime les chants guerriers mêlés aux chocs du verre.

AMAURY.

Nous n'avons pas ici de jongleur ; mais mon fils
A reçu les leçons d'un ménestrel, jadis.
— Voyons, Gérald, sais-tu quelque nouveau poëme ?
Quelque chanson de geste ? Obéis au duc Nayme.

GÉRALD.

Excusez-moi, mon père : aujourd'hui, je le sens,
La force manquerait sans doute à mes accents.

RADBERT.

Non, non, Gérald ! Il faut faire ce qu'on demande,
Rends du repas guerrier la noblesse plus grande :
Dis-nous cette chanson dont un moine est l'auteur.

GÉRALD.

Puisqu'on le veut ainsi, grâce pour le chanteur !

(Il prend le milieu du théâtre.)

« La France, dans ce siècle, eut deux grandes épées,
« Deux glaives, l'un royal et l'autre féodal,
« Dont les lames d'un flot divin furent trempées ;
« L'une a pour nom Joyeuse, et l'autre Durandal.

« Roland eut Durandal, Charlemagne a Joyeuse,
« Sœurs jumelles de gloire, héroïnes d'acier,
« En qui vivait du fer l'âme mystérieuse,
« Que pour son œuvre Dieu voulut s'associer.

    « Toutes les deux dans les mêlées
    « Entraient jetant leur rude éclair,
    « Et les bannières étoilées
    « Les suivaient en flottant dans l'air !
    « Quand elles faisaient leur ouvrage,
    « L'étranger frémissant de rage,
    « Sarrazins, Saxons ou Danois,
    « Tourbe hurlante et carnassière,
    « Tombait dans la rouge poussière
    « De ces formidables tournois !

    « Durandal a conquis l'Espagne ;
    « Joyeuse a dompté le Lombard ;
    « Chacune à sa noble compagne
    « Pouvait dire : Voici ma part !
    « Toutes les deux ont par le monde
    « Suivi, chassé le crime immonde,
    « Vaincu les païens en tout lieu ;
    « Après mille et mille batailles,
    « Aucune d'elles n'a d'entailles
    « Pas plus que le glaive de Dieu !

« Hélas ! La même fin ne leur est pas donnée :
« Joyeuse est fière et libre après tant de combats,

« Et quand Roland périt dans la sombre journée,
« Durandal des païens fut captive là-bas !

« Elle est captive encore, et la France la pleure ;
« Mais le sort différent laisse l'honneur égal,
« Et la France, attendant quelque chance meilleure,
« Aime du même amour Joyeuse et Durandal ! »

LE DUC NAYME.

Bien, Gérald ! — Versez donc l'hydromel d'Allemagne
Et le vin de Gaza, pages... A Charlemagne !

(Il lève sa coupe et boit avec tous les chevaliers, qui répètent le même cri, excepté
Ragenhardt.)

Maintenant, à Roland !

(Tous les assistants, excepté Ragenhardt, répètent le même cri)

GÉRALD, qui observe Ragenhardt placé en face de lui.

Ragenhardt, que fais-tu ?
Pourquoi ce regard sombre et ce front abattu ?
Étant chrétien, agis en chrétien ! Qu'est-ce à dire ?
Sans doute ton hanap est vide ?...

RAGENHARDT.

Non, messire.

GÉRALD.

Aux deux héros français, alors, bois avec nous !

RAGENHARDT.

A ma place vraiment, seigneurs, le feriez-vous ?
Je suis chrétien d'hier, mais la voix de vos prêtres
M'enseigna comme à vous le respect des ancêtres ;
Vous donc, vainqueurs des miens, comprenez mon refus...

(Levant sa coupe.)

Je bois à Witikind, à la Saxe, aux vaincus !

GÉRALD.

Prends garde à toi, Saxon !

LE DUC NAYME.

Gérald !...

GÉRALD.

Un tel outrage...

LE DUC NAYME.

Excusons-le, Gérard, en faveur du courage !

RAGENHARDT.

Merci, duc ! — Seulement, Gérald avec orgueil,
En chantant nos revers, a caché votre deuil ;
Nous eûmes comme vous nos bonheurs, nos victoires ;
Vous eûtes comme nous vos jours expiatoires,
Vos fronts se sont parfois courbés sous l'aquilon ;
Vous avez eu Roland, — mais aussi Ganelon !

AMAURY, à part.

Grand Dieu !

LE DUC NAYME, se levant.

Tais-toi, Saxon ! Laisse ce nom infâme ;
Quelle douleur viens-tu réveiller dans notre âme !
Ganelon !... Ah ! son nom qui fait frémir ma voix,
Qui remet sous nos yeux les hontes d'autrefois,
Son nom qui vient troubler l'heure qui nous rassemble,

Elevons tous la main pour le maudire ensemble ;
Qu'il entende du fond des enfers aujourd'hui
Nos malédictions descendre jusqu'à lui !

(Tous les assistants se lèvent la main haute pour obéir au duc, excepté Amaury et
Radbert.)

SCÈNE VI.

LES MÊMES, BERTHE.

LE DUC NAYME, à Berthe, qui entre.

Venez, Berthe ! venez ! C'est à vous la première
De maudire...

BERTHE.

Qui donc, seigneur duc de Bavière ?

LE DUC NAYME.

Le nom de Ganelon.

BERTHE.

Ah ! duc, Dieu n'est témoin
Qu'aujourd'hui de ce nom ma pensée était loin !
Charlemagne souvent me dit ceci : « Pardonne
« A tous nos ennemis, comme Dieu te l'ordonne,
« Sarrazins, Grecs, Normands, Lombards, Aragonnais,
« Didier, Lupus, Hunald ; à Ganelon, jamais ! »
Qu'avec la mienne donc votre voix retentisse
Pour maudire ce nom. C'est justice !

GÉRALD.

Oui, justice !
Et j'élève la main pour maudire aussi, moi,
Ce nom infâme...

AMAURY, à part.

Ciel !

RADBERT, se précipitant vers Gérald.

Tais-toi, Gérald, tais-toi !
Je suis prêtre, et j'ai droit à tous de vous le dire :
Celui que dans la mort vos voix allaient maudire,
Que pourrait-on pour lui si Dieu l'a condamné?
Que peut-on contre lui si Dieu l'a pardonné?

BERTHE.

Sire moine, il est vrai ! devant la voix du prêtre,
Je me tais !

LE DUC NAYME.

J'ai parlé cruellement peut-être,
Mais j'ai comme un remords lorsque j'entends ce nom :
Autrefois j'ai sauvé la vie à Ganelon.
(Il se lève et quitte la table, suivi d'Amaury et de Radbert.)
Oui, c'était à Verden. Le soir de la bataille,
Un roi saxon... — je vois encore sa haute taille ;
Son nom était Morglan...
(Mouvement de Ragenhardt.)
Tenait sous son genou
Ganelon renversé, blessé, l'épée au cou ;
En ce moment j'accours, je détourne le glaive
Du roi saxon...

AMAURY, à part, en s'éloignant encore du duc.

C'est vrai !

LE DUC NAYME.

Ganelon se relève,
Attaque de nouveau, car il avait du cœur,
Et frappe le Saxon qui se croyait vainqueur.
Un enfant déjà fort comme ceux de sa race,
Criait : Ne tuez pas mon père ! grâce ! grâce !
(Nouveau mouvement de Ragenhardt.)
Ganelon, par mon aide à son tour triomphant,
D'un regard furieux fit reculer l'enfant,
Puis il tua le père. — Un an après, madame,
Ganelon trahissait Roland, et dans mon âme,
Depuis ce jour maudit, je n'ai que ce remord :
C'est d'avoir arraché Ganelon à la mort !

AMAURY, à part.

Hélas !

RAGENHARDT, à part, après avoir remarqué visiblement l'attitude d'Amaury.

Comme le comte est pâle !... Étrange chose !
Il évite les yeux du duc... Pour quelle cause ?
Observons de plus près.
(Il s'approche lentement d'Amaury, qui, se sentant observé se retourne avec un regard terrible.)

AMAURY.

Que veux-tu, Ragenhardt ?

RAGENHARDT, à part en reculant.

Je ne me trompe pas : c'est le même regard !
(Haut, allant vers le duc Nayme.)
Sire duc, un seul mot, de grâce !

LE DUC NAYME.

Je t'écoute.

RAGENHARDT.

C'est bien le roi Morglan dont vous parliez?

LE DUC NAYME.

Sans doute.

Tous les Francs connaissaient ce brave chef saxon ;
Mais, pour m'interroger, quelle est donc ta raison ?

RAGENHARDT.

Le roi Morglan était mon père.
(Après un silence il se dirige vers Amaury.)
Seigneur comte,

J'espère ici de vous une réponse prompte :
Vous m'avez fait chrétien, et. d'après un édit,
Je suis libre.

AMAURY.

Il est vrai. Mais la loi t'interdit
De retourner en Saxe, et si ton espérance...

RAGENHARDT.

Non, il faut que longtemps je reste encore en France !

AMAURY.

Quel est donc ton projet ?

RAGENHARDT.

On le saura plus tard.
— Adieu, comte Amaury.
(A part en sortant.)
C'était bien ce regard !

SCÈNE VII.

GÉRALD, LE DUC NAYME, AMAURY, BERTHE, L'Escorte
AU FOND.

LE DUC NAYME.

Maintenant, sire comte, écoutez : Charlemagne
Désire qu'à sa cour votre fils m'accompagne ;
Oui, Gérald ! Et bientôt sans doute sa faveur
Va de sa nièce aimée honorer le sauveur.

GÉRALD, se rapprochant d'Amaury.

Ah ! mon père !

AMAURY, bas.

Gérald ! quel fol espoir t'enivre !
J'ai reçu ton serment : tu ne dois pas la suivre !
Souviens-toi de l'aveu que tu m'as fait ici :
Elle ne peut t'aimer, et tu l'aimes ! — Ainsi,
Refuse.

LE DUC NAYME.

Comte, eh bien?

AMAURY.

Je n'ai rien à vous dire,
Et c'est à mon fils seul de répondre, messire.

BERTHE, à part.

C'est étrange ! Gérald hésite... Pourquoi donc?
Mais il m'aime, j'en suis certaine !

GÉRALD.

Duc, pardon

Trop grande est la faveur qui par vous m'est offerte;
Je ne peux pas vous suivre et suivre dame Berthe :
Mon père, comme moi, le sait!

BERTHE, à part.

Ah ! je comprends !

LE DUC NAYME.

Dieu partage la vie en devoirs différents,
Mais l'amour filial, s'il a la préférence,
Ne peut fermer la vie à toute autre espérance.
Réfléchissez encor.

GÉRALD, à part regardant Berthe.

Berthe !

AMAURY, à part.

Ah ! mon fils ! hélas !

GÉRALD, regardant Amaury.

J'ai réfléchi, seigneur Nayme. — Je ne peux pas.

AMAURY, à part.

Ah ! pauvre vaillant cœur, c'est donc moi qui te brise !

LE DUC NAYME.

La résolution, Gérald, en est donc prise ?
(Signe affirmatif de Gérald.)
Eh bien, nous partirons sans vous, puisqu'il le faut.
(A ses compagnons.)
Qu'on se prépare donc !... Dame Berthe, à bientôt !

Il serre la main de Gérald, puis s'éloigne suivi d'Amaury, Gérald reste seul, immobile sur le devant de la scène, la tête penchée; Berthe le regarde un instant et descend vers lui.)

4

SCÈNE VIII.

BERTHE, GÉRALD.

BERTHE.

Je vous aime, Gérald !

GÉRALD.

Quoi, Berthe !

BERTHE.

                                Je vous aime,
Sire Gérald, autant que vous m'aimez vous-même :
Je vous ai deviné, j'ai vu de jour en jour
Naître comme le mien et grandir votre amour;
En vain vous vous taisiez ; j'écoutais ce silence,
Le cœur entend le cœur qui se fait violence,
Et plus vous me cachiez ce généreux effort.
Mieux je vous comprenais, Gérald ! Avais-je tort?
Puisque mon nom, mon rang, dans votre âme trop fière
Retenaient cet aveu, j'ai parlé la première,
Et c'est mon seul orgueil, de tout autre vainqueur,
Gérald, d'avoir ce droit de vous offrir mon cœur !

GÉRALD.

Berthe, Berthe... Pardon ! je ne peux pas vous dire
Quel est en ce moment mon trouble et mon délire !
Oh! ciel! Quel autre vœu pouvais-je donc former?
Comment aurais-je fait pour ne pas vous aimer?
Oui, Berthe, il est à vous dans son humble tendresse,
Ce cœur tout frémissant de sa première ivresse;

Tout mon cœur vous bénit dans mon trouble et mes pleurs,
Vous qui payez d'un mot le prix de mes douleurs ;
Vous qui, déjà clémente à mon âme confuse,
Partagiez mon amour pour lui faire une excuse;
Vous qui tendez la main à celui qui souffrait,
Qui va vivre pour vous et qui pour vous mourrait !
Ah ! quand vous m'avez dit de cette voix profonde :
« Je vous aime, Gérald ! » J'ai compris que le monde
De ma part de bonheur ne me devait plus rien,
Et que je pouvais dire à jamais : tout est bien !
-— Si vous saviez, hélas! Tout à l'heure, mon père,
Ici même, m'a dit... Mais non : J'aime, j'espère.
Et voici de retour tous les bonheurs perdus !

BERTHE.

Que vous disait-il donc, Gérald ?

GÉRALD.

                    N'y songeons plus !
Vous ne sauriez comprendre, et je m'explique à peine
De quel regard, avec quelle terreur soudaine,
Ici de mon amour il a reçu l'aveu !
Il m'a dit que j'étais indigne... Mais, grand Dieu !
Peut-être a-t-il raison ; car, enfin, moi que suis-je ?
De quel droit vous aimer? Il a raison, vous dis-je !

BERTHE.

Non, Gérald! Il verra, car je n'ai pas tout dit,
Que l'amour, en entrant dans nos cœurs, les grandit :
Et quand il connaîtra mon avenir, le vôtre,
Soyez-en sûr, sa joie égalera la nôtre !

SCÈNE IX.

BERTHE, GÉRALD, AMAURY.

BERTHE.

Comte, j'aime Gérald, Gérald m'aime. Je sais,
Je sais déjà par lui tout ce que vous pensez.
Mais tout vient de changer, et j'ai cette espérance...

AMAURY.

Madame !... Ah ! juste ciel ! (À part.) Encor cette souffrance !
Ils sont deux maintenant ! Ah ! malheureux enfants !
Contre vous-même, ici, c'est vous que je défends !
Grand Dieu ! Vous vous aimez... Oui, cela devait être !
Mais je ne suis pour vous le juge ni le maître ;
C'est Charlemagne seul, c'est Charlemagne, hélas !

BERTHE.

Comte, croyez-vous donc que je n'y songeais pas ?
Charlemagne lui-même, en un sujet si grave,
N'a jamais à mon choix imposé nulle entrave :
Il me connaît ! Ni lui, ni moi, n'avions trouvé
L'époux au cœur vaillant tel que je l'ai rêvé ;
Gérald lui seul, parmi les hommes du même âge,
Des héros d'autrefois m'a retracé l'image.
Mais il faut plus encore, il faut que mon époux
Même dans le passé, soit le premier de tous ;
— Qu'il ne me suive pas à la cour ; je préfère
À ce que je ferais pour lui ce qu'il doit faire !
Parmi tous les seigneurs autour de moi pressés

Il serait un égal, et ce n'est point assez!
Pour vous, pour moi, Gérald, voici mon espérance :
Vous savez quels exploits les paladins de France
Ont accomplis jadis ; par eux le ciel a fait
Ce que le monde a vu de plus grand, en effet !
Vous le savez encore, on le sait trop : la race
De ces héros s'en va ; — Retrouvez-en la trace !
Partez comme eux, cherchez comme eux, faites comme eux :
Poursuivez les méchants, les criminels fameux,
Les tyrans, comme on traque au bois la bête fauve ;
Soyez le juste armé qui châtie ou qui sauve ;
Et, ne songeant à moi qu'en songeant au devoir,
Rendez-nous un Roland — avant de me revoir !
Eh bien, comte, à présent me blâmez-vous encore ?
Vous reste-t-il au cœur des craintes que j'ignore ?
Je vous prends votre fils ; mais, pour dernier adieu,
Je le donne à la France, à Charlemagne, à Dieu !

AMAURY.

C'est impossible... Non !

GÉRALD.

                    Quoi ! mon père ! Impossible ?
Après ce qu'on a dit vous trouvant inflexible,
Je n'ai qu'à m'incliner, car sans doute, en ce cas,
Vous avez des raisons que je ne connais pas !

AMAURY.

Non, non, je ne peux pas !

GÉRALD.

                    Ah ! mon père, mon père !
Voulez-vous que mon cœur à jamais désespère ?

Voulez-vous que je croie, au milieu d'un tel deuil,
Que faire mon devoir c'est pour moi trop d'orgueil !
Tout à l'heure, pardon ! si grande était ma peine
Que je me suis senti comme un frisson de haine...

AMAURY.

Contre moi, mon fils !

GÉRALD.

      Non ! mais contre le destin !
J'étais humble et soumis devant vous, ce matin ;
Je le serai toujours ! Mais voyez ma souffrance :
Je sens naître et mourir à la fois l'espérance,
Adieu ce que j'aimais et ce que je rêvais,
Je ne fais rien de bon qui ne me soit mauvais !
Tout croule sous ma main, tout s'enfuit comme l'onde ;
Le plus beau, le plus grand des bonheurs en ce monde,
L'amour dans le devoir ! Un mot de vous, un pas,
Pourraient me le donner... et vous ne voulez pas !

AMAURY.

Mon fils !... mon fils !... Eh bien, je me trompais peut-être ;
J'ai souvent des terreurs dont je ne suis pas maître ;
Mais, depuis un moment, je comprends, je peux voir,
Que le plus grand des maux serait ton désespoir !
— Fais ton devoir, mon fils, comme Berthe l'ordonne ;
Si j'ai tort de céder, que Dieu me le pardonne !
Et songe seulement dans ton bonheur, un jour,
Que mes craintes n'étaient qu'un paternel amour !

GÉRALD.

Mon père !

AMAURY.

Pars, Gérald. C'est juste !

BERTHE

Merci, comte ;
Je fais ce que je dois, Dieu nous en tienne compte !
Et vous, Gérald, songez en tous lieux, en tout temps,
A ce que j'ai promis comme à ce que j'attends !

GÉRALD.

Oui, Berthe, je le jure ! A cette illustre tâche
Je dévoûrai mes jours sans retard, sans relâche,
Et plutôt que faiblir dans l'ombre ou devant tous,
Je renoncerais même au bonheur, même à vous !
Je partirai ce soir, ne voulant pas encore
Voir sans vous obéir une nouvelle aurore !
Je pars, fier et soumis, Berthe, et quand je serai
Digne de votre père, alors je reviendrai !

SCÈNE X.

LES MÊMES, LE DUC NAYME.

LE DUC NAYME.

Madame, l'heure avance, et voici votre escorte.

BERTHE.

Je vous suis, duc.
(Elle s'arrête au moment de quitter Gérald.)
Hélas ! je me croyais plus forte,
Adieu, sire Gérald ! Au revoir !... Au revoir !

— Je n'ai plus maintenant, comte, qu'à recevoir
L'hommage du seigneur et le baiser du père.

AMAURY.

Madame...

BERTHE.

Dites-moi : ma fille ! car j'espère
Que ce nom cher et doux sera le mien bientôt.

AMAURY, à part, après l'avoir embrassée au front, en tremblant.

Et peut-être Roland nous regarde là-haut !

FIN DU SECOND ACTE.

ACTE TROISIÈME.

Grande salle dans le palais d'Aix-la-Chapelle. — Au fond un escalier
montant vers l'extérieur et la cour verte. — A gauche une large
fenêtre à baies, par laquelle on aperçoit le donjon et le champclos. —
Au second plan à gauche, le profil de la cathédrale. — A droite, le
trône de Charlemagne. — Au lever du rideau, les jeunes seigneurs,
l'épée au repos, écoutent Richard.

SCÈNE PREMIÈRE.

GEOFFROY, RAGENHARDT, RICHARD, HARDRÉ, foule
DE JEUNES SEIGNEURS.

RICHARD, à Hardré et à Geoffroy.

C'est assez de récits, jeunes gens, car j'estime
Que je parle un peu trop pour un maître d'escrime.
Bientôt le chevalier sarrazin reviendra,
Et ce n'est point avec des mots qu'on le vaincra.

(Geoffroy et Hardré vont reprendre l'assaut au fond, à gauche.)

RAGENHARDT, à Richard, qu'il retient.

Pardon ! Mais ce récit grandement m'intéresse,
Car vous aimiez Roland d'une chère tendresse ?

RICHARD.

Je fus d'abord son page, et puis son écuyer.

RAGENHARDT, à part.

Ah ! Ce vieillard peut-être... Oui, je veux essayer...
(Haut.)
Cette mort de Roland est bien touchante et belle...
J'aime à connaître tout ce qu'elle vous rappelle :
Roland fut-il vengé ?

RICHARD.

Sans doute, mais trop peu !

RAGENHARDT.

Ganelon fut puni ?

RICHARD.

Pas assez... non, grand Dieu !

RAGENHARDT.

Étiez-vous là ?

RICHARD.

Sans doute, et je regrette encore...

RAGENHARDT.

Vous regrettez... quoi donc ?

RICHARD, revenant vers lui.

           Ici nul ne l'ignore,
Seigneur saxon ; après l'arrêt impérial,
On lia Ganelon mourant sur un cheval
Qu'on chassa dans les bois, afin que l'homme infâme,
Tandis que pour toujours Satan prendrait son âme,
Servît de proie aux loups, aux renards, aux corbeaux.
Je le suivis, voulant voir cela ! Des lambeaux
De chair guidaient mes pas. Au bord d'une ravine

Je vois le cheval seul. Tandis que j'examine
Tout autour, j'aperçois des moines qui montaient
Vers le couvent voisin. Je les suis ; ils portaient
Le corps de Ganelon ; il était bien sans vie.
Ma meilleure vengeance ainsi me fut ravie :
Je regrette les loups et les corbeaux !

RAGENHARDT.

                         On dit
Qu'il avait un enfant, ce Ganelon maudit ?

RICHARD.

Un fils... oui ! Mais ce fils, on l'a fait disparaître.
« Brûle l'œuf de serpent et la graine de traître. »
C'est le dicton. — Comment ? quand ? par qui ? Je ne sais.

(Richard va vers Geoffroy et Hardré et surveille leur assaut.)

RAGENHARDT, à part, sur le devant de la scène.

Moi, j'en sais plus que toi maintenant ! C'est assez.
— A moi donc lentement la vérité se livre !
Ce regard d'Amaury !... premier indice à suivre !
Second indice ici : Ganelon fut guéri
Par ces moines... Radbert !... Tout s'explique : Amaury
Masque le Ganelon ; l'habileté du prêtre
A tout prévu : ce fils qu'on a fait disparaître,
On a changé son nom ; c'est Gérald ! — Tout cela,
Il faudrait le prouver. Attendons jusque-là.

(Il va rejoindre les jeunes seigneurs qui causent à droite.)

RICHARD, à Geoffroy et à Hardré, qui continuent l'assaut.

Ferme ! Continuez, messires ! la main haute,
Comme cela !... Le bras plié ! — C'est votre faute,
Sire Geoffroy ! Parez, et puis rompez d'un pas.

GEOFFROY.

Pardon, sire écuyer, pardon !... mais je suis las.

HARDRÉ.

Et moi de même !

(Il va vers le groupe où Ragenhardt cause avec d'autres jeunes seigneurs.)

RICHARD.

Hélas ! — O Roland ! ô mon maître !
Puisqu'après nous ainsi les hommes doivent être ,
Tu fis bien de mourir.

HARDRÉ.

Bon Richard, je conçois
Que tu parles ainsi, toi, son page autrefois ;
Mais c'est un rude jeu que le jeu de l'escrime,
Et je suis fatigué ; fatigue n'est pas crime.

(Se dirigeant vers une table chargée de livres.)

Puis, nos travaux savants nous réclament...

RICHARD.

Fort bien :
C'est depuis qu'on sait tout que l'on ne fait plus rien !
Je dis que le calcul, l'histoire, la magie
Et, quoique l'Empereur l'aime, l'astrologie,
Sont des arts dangereux, qui même des plus forts
Amollissent le cœur et déforment le corps.
Qui lit bien se bat mal ! Vous en êtes la preuve :
A quoi vous sert ici votre science neuve ?
Voilà depuis un mois un seigneur sarrazin
Qui vous provoque tous dans le champ clos voisin,
Et vous êtes par lui vaincus l'un après l'autre ;
Votre savoir est grand... Je préférais le nôtre !

GEOFFROY.

Pourquoi nous disputer sur nos goûts différents ?
Richard, le temps n'est plus des chevaliers errants ;
La preuve, la voici, tiens : Près de cette grille,
Aux portes du palais, cette cloche qui brille,
Immobile, au soleil...

RICHARD.
C'est la cloche d'argent !

GEOFFROY.

Autrefois, dans ces jours que tu regrettes tant,
Quand un de ces héros dont sans cesse tu parles
Venait dans ce palais trouver l'empereur Charles,
S'il avait accompli quelques hauts faits nouveaux,
Sûr d'obtenir ainsi la prix de ses travaux,
Il sonnait cette cloche, et puis faisait connaitre
La première faveur qu'il réclamait du maître ;
Seulement une loi terrible, on le conçoit,
Aurait puni quiconque eût réclamé sans droit.
— Eh bien ! depuis dix ans peut-être, cette cloche,
Richard, est immobile.

RICHARD.
Et je vous le reproche !

GEOFFROY.

Calme-toi, bon Richard, et laisse-nous un peu
Lire ce livre... Vois ! c'est *la Cité de Dieu ;*
Le grand Alcuin l'explique aux clercs de son école,
Et Charlemagne l'aime !

RICHARD.
Ah ! jeunesse frivole !

Ceux qui vivent vivront longtemps ; j'aime mieux ceux
Qui sont morts ! — Apprenez à lire, paresseux !

GEOFFROY, s'asseyant pour lire.

Quand tous auront appris, crois-le bien, mon vieux maître,
Tout n'en ira que mieux.

RICHARD.

L'escrime aussi ?

GEOFFROY.

Peut-être !

RICHARD.

Apprenez vite alors, par la bonté des cieux !
Le vieux Richard, au fond, ne demande pas mieux.

HARDRÉ, descendant la scène avec Ragenhardt et autres jeunes seigneurs.)

Comment, seigneur saxon ! Ce Sarrazin...

RAGENHARDT.

Sans doute !
Ce combat, seigneurs francs, pour vous je le redoute.

HARDRÉ.

Eh quoi ! nous serions tous vaincus dans ce duel ?
Par un païen ? par un Sarrazin ? c'est cruel !

RAGENHARDT.

Oui ! mais je le connais pour l'avoir vu combattre,
Près de Narbonne, l'an dernier, seul contre quatre
C'est terrible ! — On se sent subitement frappé,
Comme si l'on était d'éclairs enveloppé !
A de certains moments, qu'il prépare et médite,

Le fer semble jaillir de cette main maudite.
C'est sa manière, à lui. Je vous plains.

HARDRÉ, à part.

Ce Saxon
Encourage les gens d'une étrange façon !

RAGENHARDT.

Dites-moi cependant, — car c'est ce qui m'appelle
A visiter ce grand palais d'Aix-la-Chapelle, —
Comment dans ce duel on put vous engager,
Et depuis quand ?

HARDRÉ.

Depuis un mois, sire étranger ;
Mais Geoffroy mieux que nous ici peut vous le dire,
Car il était présent.

GEOFFROY.

Oui.

RAGENHARDT.

Parlez donc, messire.

GEOFFROY, quittant la table où il lisait.

Seigneur Saxon, voilà trente jours... hélas ! oui !
Nous achevions le jeu d'armes comme aujourd'hui ;
Un Sarrazin, suivi d'une nombreuse escorte,
Charlemagne étant là, parut à cette porte.
« Sire empereur, dit-il, je pris, étant enfant,
« Le jour de Roncevaux, sous le corps de Roland,
« Durandal, son épée, et je viens vous la rendre,
« Mais je ne la rendrai qu'à qui pourra la prendre ! »
Dieu nous châtie, hélas ! dans ces affreux tournois,

Trente barons français sont morts depuis un mois;
Et bientôt l'on verra peut-être l'infidèle,
Remportant Durandal, quitter Aix-la-Chapelle.
Cependant, chaque jour, à l'heure du combat,
Levant avec effort son front que l'âge abat,
L'Empereur vient ici. Près de cette fenêtre,
On le voit du dehors, grave et calme, paraître.
Son regard attentif, mais déjà résigné,
Cherche son champion pour la mort désigné;
La fille de Roland, qui seule l'accompagne,
Dame Berthe, soutient le bras de Charlemagne;
Quoique sans espérance, immobile et debout,
Il veut être témoin du combat jusqu'au bout;
Penché sur ce champ clos qui n'est plus qu'une tombe,
Il bénit de la main le chevalier qui tombe;
Puis on le voit rentrer, plus pâle et plus tremblant,
En murmurant toujours ce nom : Roland! Roland!

RAGENHARDT.

Je comprends, en effet : c'est un cruel martyre
Que le sien!

RICHARD.

L'Empereur! que chacun se retire.

(Tous sortent. Charlemagne descend par l'escalier du fond, appuyé sur le bras
de Berthe.)

SCÈNE II.

CHARLEMAGNE, BERTHE.

BERTHE.

Cher sire, ce spectacle est trop terrible à voir!
Renoncez aujourd'hui...

CHARLEMAGNE.

Non, non ! C'est mon devoir.
— Jadis, et bien souvent, devant ce palais même,
Des ennemis, jetant au Christ leur vil blasphème,
Des seigneurs sarrazins, prince, émir, tour à tour,
Venaient me défier en face de ma cour ;
C'étaient Balant, Jonas, Ferragus, et tant d'autres.
« Francs chevaliers ! disais-je en regardant les nôtres,
« Le ciel de Mahomet réclame ses élus,
« Tâchez qu'avant ce soir il en ait un de plus ! »
Ils me répondaient tous par un seul cri : Montjoie !
Et l'un d'eux, souriant, tranquille, plein de joie,
Olivier ou Renaud ou Roland, descendait
Dans l'arène où le noir Sarrazin attendait.
Dur combat ! Le païen, s'élançant de la terre,
Horrible, rugissant comme fait la panthère,
Surprenait, terrassait parfois le paladin ;
Mais le bon chevalier se relevait soudain,
Et, quand il revenait vainqueur sous l'oriflamme,
Je ne sais quel orgueil royal m'entrait dans l'âme !
Ah ! ces jours de fierté jamais ne reviendront ;
A la gloire j'étais, je dois être à l'affront !
O Roland ! ô Roland ! quelle honte est la mienne
De voir ta Durandal dans cette main païenne !

(Il s'assied sur un fauteuil à gauche.)

BERTHE.

Sire, espérons encor.

CHARLEMAGNE.

Le ciel l'a donc permis :
La force maintenant passe à nos ennemis !

Parmi mes chevaliers, il faut le reconnaître,
Pas un seul ne vaincra ce Sarrazin.

BERTHE.

Peut-être !

CHARLEMAGNE.

Lequel ?

BERTHE.

Gérald.

CHARLEMAGNE.

Gérald ! Tu ne sais même pas,
Ma fille, en quel pays il a porté ses pas ;
A son père pourtant par un pressant message,
J'ordonnai de venir ici me rendre hommage
Pour le fief de Montblois. Nous espérions ainsi
Que le sort de Gérald serait mieux éclairci ;
Mais le comte Amaury n'a fait nulle réponse
Depuis deux mois ! Le sort contre nous se prononce.

BERTHE.

Sire, Gérald viendra pourtant avant ce soir ;
C'est un pressentiment, sire ; mieux qu'un espoir.

CHARLEMAGNE.

J'eus longtemps, comme toi, cette espérance, Berthe ;
Parfois, l'œil attaché sur cette cour déserte,
Il me semblait — l'espoir cherche à se prendre à tout —
Que la cloche d'argent résonnait tout à coup,
Et que c'était Gérald qui venait... Ah ! mensonge !
La cloche est bien muette, et nul que moi n'y songe !

BERTHE.

Elle ne sera pas muette plus longtemps :
Le vengeur va venir, je le sais, et j'attends !

CHARLEMAGNE.

Comme à ce fier langage on reconnaît ta fille,
Roland ! Oui, dans ses yeux c'est ton regard qui brille !
— Berthe, sois donc bénie, enfant à qui je dois
Ce vivant souvenir des gloires d'autrefois !
Toi qui comprends si bien mes deuils et mes alarmes,
Le seul front sur lequel puissent tomber mes larmes,
Toi le seul cœur à qui le mien ose s'ouvrir,
Toi qui me chéris mieux en me voyant souffrir !
Eh bien, fasse le ciel que ton Gérald revienne ;
Dans cette noble main je veux placer la tienne,
Je veux qu'avant ma mort Gérald soit ton époux ;
Mais la mort n'attend pas...

BERTHE.

Sire, que dites-vous !

CHARLEMAGNE.

Non, la mort n'attend pas, et tout me la présage :
C'est bien le vent du soir qui me souffle au visage !

BERTHE.

Sire... mon père !...

CHARLEMAGNE.

Enfant ! Tu pleures ? Eh pourquoi ?
Juges-en mieux, et sois plus forte ; écoute-moi :
Ce qui tourmente une âme au déclin de la vie,
Ce n'est plus ou l'orgueil, ou la crainte, ou l'envie :
C'est un désir ardent et plein d'anxiété
De se juger soi-même en toute vérité ;
Aucun homme, aucun roi jusqu'au fond de son être
Ne descend tant qu'il vit... Mourir, c'est se connaître !

— Je ne me connais pas moi-même ! J'ai pourtant
Travaillé, combattu, souffert à tout instant.
Oui, j'ai porté mes lois chez les peuples barbares,
Comme on soumet un fleuve en franchissant ses barres ;
J'ai pris et j'ai gardé l'Europe dans ma main,
J'ai refait pour le Christ le vieux monde romain,
Et pourtant ! n'ai-je rien, en scrutant mes pensées,
A regretter parmi mes actions passées ?
Ces peuples, qu'il fallait en un seul rassembler,
Ne les ai-je pas trop broyés pour les mêler ?
Un roi ne sait jamais cela que lorsqu'il tombe :
L'arbre de vérité ne croît que sur sa tombe !

BERTHE.

Sire, le monde entier, comme le peuple franc,
Vous a nommé le Juste aussi bien que le Grand !

CHARLEMAGNE.

La flatterie ainsi vivants nous accompagne !
Mais quel nom Dieu doit-il donner à Charlemagne ?
— Je le saurai bientôt ! — Puis, quel trouble profond
Quand je songe comment nos œuvres se défont !
Hélas ! toute puissance est à peine élevée
Qu'elle s'ébranle ; où sont les fils de Mérovée ?
Où sont ceux de Clovis ? — Que deviendront les tiens,
Charlemagne ? Après moi, quels seront leurs soutiens ?
Quand on m'aura couché sous le funèbre dôme
L'Empire sera-t-il ou colosse ou fantôme ?
Ma race vivra-t-elle un siècle seulement ?
— Je le saurai, bientôt ! — Bientôt, en m'endormant
Du sommeil de la mort, m'enfuyant de la terre,
Je verrai l'avenir sans voile et sans mystère ,

Dans le livre des temps pour mon regard ouverts,
O France ! je lirai ta gloire ou tes revers !

(Il se lève.)

Ta gloire ! oh ! puisse-t-elle, aux époques prochaines,
Croître en s'affermissant comme croissent les chênes,
Offrir l'abri superbe et l'ombre de son front,
Nation maternelle, aux peuples qui naîtront ;
Afin qu'on dise un jour, selon mon espérance :
Tout homme a deux pays, le sien et puis la France !

(On entend au dehors une fanfare de clairons.)

BERTHE.

Écoutez !

CHARLEMAGNE.

Le voici ! le païen ! le vainqueur !
L'étranger ! Cesse donc de battre, mon vieux cœur !
Finir ainsi ! vaincu... par ce More d'Espagne !
Moi, Charles ! moi qui suis, moi qui fus Charlemagne !
Non, je ne le suis plus ! Courbe la tête, ô roi,
Puisque Dieu pour toujours s'est retiré de toi !

(Charlemagne va lentement se placer sur le trône. Le Sarrazin entre et se place en
face de lui.)

SCÈNE III.

LES MÊMES, NOÉTHOLD et sa suite de Sarrazins, SEIGNEURS FRANÇAIS

NOÉTHOLD.

Moi, Noéthold, émir, et prince de Valence,
Je vous défie encore, à l'épée, à la lance,

A l'arc, au javelot ; la lice va s'ouvrir ;
Barons français, lequel d'entre vous vient mourir ?

TOUS LES JEUNES SEIGNEURS.

Moi ! Moi !

CHARLEMAGNE.

            Non, arrêtez ! lutter serait folie :
Je sens depuis un mois que Dieu nous humilie ;
Trop de sang a coulé déjà, barons chrétiens !
Toi, mécréant, tu peux retourner chez les tiens !

NOÉTHOLD.

C'est bien, noble Empereur ! Mais j'ai gardé mémoire
D'un jour où tu parus plus jaloux de ta gloire :
L'Espagne presque entière alors était à toi ;
Saragosse tenait seule pour notre roi ;
Les dix ambassadeurs de notre roi Marsille
Partirent pour Cordoue, et devant cette ville
Rejoignirent ton camp. Dans un vaste jardin
Ton fauteuil d'or était dressé sous un grand pin ;
A tes côtés, Roland, Olivier, le duc Sanche ;
Toi, calme et fier, avec ta barbe déjà blanche,
Tu nous vis approcher, souriant à demi
De voir nos fronts courbés devant notre ennemi.
Alors l'ambassadeur, s'inclinant davantage,
Te demanda la paix et m'offrit pour otage ;
Toi, tu ne répondis que quelques mots hautains.
— Roi, le temps a changé la face des destins ;
Nous avons reconquis notre Espagne ; à cette heure
Le mécréant triomphe, et le roi chrétien pleure !
Je m'en retourne donc, ainsi que tu l'as dit ;
Mon triomphe est complet, puisque tu l'as maudit ;

Nul ne m'accusera d'une gloire usurpée :
De ton neveu Roland je remporte l'épée,
Durandal !... Je l'ai bien conquise, tu le vois ;
Roi, regarde-la donc pour la dernière fois !

CHARLEMAGNE.

Attends ! — Du sang des miens je pouvais être avare,
Puisque pour toi contre eux le destin se déclare.
La force en moi décroît. — Je n'ai plus soixante ans !
Mais ce reste suffit aux hommes de mon temps ;
C'est moi qui combattrai contre toi tout à l'heure,
Et s'il faut sous tes coups que Charlemagne meure,
Il suffira, païen qui crois nous avilir,
De mon dernier regard pour te faire pâlir !
Viens donc !

TOUS LES SEIGNEURS.

Sire empereur ! Non, par grâce !

BERTHE.

Mon père !

C'est chercher le trépas !

CHARLEMAGNE.

Non, mes enfants ! J'espère !
Puis, à survivre ainsi j'aurais trop de remord :
Quand ils n'ont plus la gloire, il reste aux rois la mort !
— Ennemi de mon Dieu, comme de mon empire,
Viens mourir ou tuer !

(On entend le son d'une cloche au dehors.)

BERTHE.

La cloche d'argent, sire !

SCÈNE IV.

Les Mêmes, GÉRALD, paraissant au fond.

CHARLEMAGNE.

Gérald !

BERTHE.

Gérald. Oui, sire ! Oh! je le savais bien !
C'est lui.

GÉRALD.

Sire empereur, d'après le droit ancien
Accordé par vous-même aux guerriers sans reproche,
J'ai fait en cet instant résonner cette cloche.
Si j'eus tort que je sois puni selon la loi.

CHARLEMAGNE.

Non, chevalier ; je sais tout ce que je te doi,
Ta main pouvait toucher à la cloche muette,
Et quel que soit le prix que ta valeur souhaite,
Tu peux le réclamer.

GÉRALD.

Ce droit étant le mien,
Je demande à combattre à l'instant le païen.
Sire, j'arrive tard ; mais le temps qui me reste,
Je compte en bien user, par la grâce céleste.
Je vous demande donc, sire, par grand merci,
De vaincre en votre nom ou de mourir ici.

CHARLEMAGNE.

Approche, chevalier. — J'aime ce fier visage ; —

Fils du comte Amaury, je connais ton courage ;
Ma nièce a dû la vie à ta jeune valeur ;
Mais celui que tu viens combattre est, par malheur,
Vaillant autant que fort et rude à la bataille ;
Tu peux juger déjà de sa force à sa taille.

GÉRALD.

Sa taille... Mieux encor je la mesurerai.
Sur le champ du combat où je le coucherai

CHARLEMAGNE.

Roland n'eût pas mieux dit, certes ! je le proclame.
Mais, le péril venu, le bras peut trahir l'âme.

GÉRALD.

Sire, depuis un an, je vis dans cet espoir
Qui rend la force aussi grande que le devoir !
A peine de retour d'une course lointaine,
Après d'heureux combats sur la terre africaine,
On m'apprit le défi de ce païen, le deuil
De la France, le vôtre, et je conçus l'orgueil
De combattre pour vous, noble Empereur ! Mon père
L'a permis, m'a suivi ; j'attends donc, et j'espère.

CHARLEMAGNE.

Oui, cet œil intrépide et ce langage ardent
M'invitent à l'espoir... J'hésite cependant ;
Sais-tu d'une main ferme, agile, toujours prête,
Lancer le javelot et tendre l'arbalète ?
Les Sarrazins nous ont surpassés en cela
Trop souvent, tu le sais !

GÉRALD.
Sire, ces armes-là,

Je les laisse aux vassaux, aux ribauds, aux esclaves,
Et m'en tiens à l'épée, à l'arme des vrais braves !
Maudit soit le premier soldat qui fut archer ;
C'était un lâche, au fond : il n'osait approcher !

CHARLEMAGNE.

Tu parles noblement, par saint Pol de Tudèle !
Va donc venger nos deuils, va punir l'infidèle ;
Reprends-lui Durandal, le glaive de Roland
Que brandit ce païen à son bras insolent ;
Et puisque ta valeur ne se plaît qu'à l'épée,
Prends la mienne, ta main n'en sera point trompée :
Voici *Joyeuse !* Elle est noble et digne d'un roi ;
Je ne l'ai confiée à personne avant toi.

GÉRALD.

Oui, sire, de vos mains j'ai l'orgueil de la prendre,
Mais à vous seul aussi je jure de la rendre.

GEOFFROY.

De l'honneur qui t'est fait jaloux au fond du cœur,
Nous te disons pourtant : Gérald, reviens vainqueur !

GÉRALD.

Vainqueur !... si je le suis, la louange que j'aime,
Vous me la donnerez en agissant de même,
En marchant avec moi vers des périls plus grands
Pour chasser l'étranger de la terre des Francs,
Ou, dressant jusqu'aux cieux la nouvelle hécatombe,
Sa conquête d'un jour, la lui donner pour tombe !
Nous vivrons pour cela, pour cela nous mourrons,
Ici je vous le jure !

GEOFFROY ET LES AUTRES JEUNES SEIGNEURS.

Ici nous le jurons !

BERTHE, allant vers lui.

Regardez-moi, Gérald ! Puis, ma main dans la vôtre...
Elles ne tremblent pas, voyez ! l'une ni l'autre !
Allez, mon chevalier ! Va, mon Gérald !

NOÉTHOLD.

                              Chrétien,
Ton courage me plaît, étant digne du mien ;
Mais le sort va bientôt tromper ton espérance :
Suis-moi ! — Pour Mahomet !

GÉRALD.

                    Pour le Christ et la France !

(Noéthold et Gérald sortent, suivis de la foule. Charlemagne et Berthe restent seuls.)

SCÈNE V.

CHARLEMAGNE, BERTHE.

CHARLEMAGNE.

Viens, Berthe ! Cette fois Dieu sera-t-il pour nous ?
Prions-le donc ensemble ; oui, ma fille, à genoux !
Prions : J'ai vu toujours, dans ma rude carrière,
Que l'arme la meilleure est encor la prière.

(Berthe s'agenouille ; Charlemagne, debout près d'elle, lève les mains au ciel.)

BERTHE.

O Dieu, notre vrai père, assis au haut du ciel,
Dieu de Joseph, d'Agar, de Judith, de Daniel,

Devant qui le méchant frissonne comme l'herbe,
Qui livras à David le Philistin superbe,
Livre, ô toi par qui seul toute justice vit,
L'ennemi de ton nom à cet autre David !

CHARLEMAGNE, allant vers la fenêtre, à Berthe qui veut le suivre.

Reste. Je te dirai de ce combat suprème
Les divers mouvements.

BERTHE.

Non ! — Je veux voir moi-même !

CHARLEMAGNE.

Viens !

(Ils se placent ensemble à la fenêtre. On entend une fanfare de clairons.)

Le signal... Gérald dans l'arène descend...
On lui lace son heaume.

BERTHE.

Oh ! j'ai peur à présent !
Mon Dieu, sauvez Gérald : notre cause est la vôtre !

CHALEMAGNE.

Les voilà face à face. Ils marchent l'un vers l'autre.

BERTHE.

Ils s'abordent déjà !... Le fer heurte le fer ;
Joyeuse et Durandal jettent un double éclair ;
L'infidèle s'élance !

CHARLEMAGNE.

Il recule... Montjoie !

BERTHE.

Non ; il revient, levant Durandal qui tournoie...

Sur le front de Gérald elle brille et s'abat ;
Je le vois chanceler... Oh ! l'horrible combat !
Son heaume est fracassé, sa tête est découverte,
Le sang de son front coule et rougit l'herbe verte !...

CHARLEMAGNE.

Oh ! le bon chevalier !... Il ne recule point,
Joyeuse frémissante étincelle à son poing.

BERTHE.

Durandal, de nouveau, sur sa tête se dresse !

CHARLEMAGNE.

Cette fois il l'évite, il bondit, il se baisse,
Passe sous Durandal, se relève... C'est bien !
Au défaut du haubert, il frappe le païen...

BERTHE.

L'infidèle éperdu se rejette en arrière.
Il chancelle...,

CHARLEMAGNE.

Son corps roule dans la poussière...

BERTHE.

Ah ! Gérald est vainqueur !

CHARLEMAGNE, se penchant au dehors.

Gloire au Christ triomphant !
Gloire aux barons français ! — Sonnez de l'oliphant !
O France ! douce France ! ô ma France bénie !
Rien n'épuisera donc ta force et ton génie !
Terre du dévoûment, de l'honneur, de la foi ;
Il ne faut donc jamais désespérer de toi,

Puisque, malgré tes jours de deuil et de misère,
Tu trouves un héros dès qu'il est nécessaire!

SCÈNE VI.

Les Mêmes, GÉRALD, AMAURY, la foule.

GÉRALD, montrant les deux épées que porte un page.

Sire, voici Joyeuse et voici Durandal.

CHARLEMAGNE.

Viens dans mes bras, mon fils, preux fidèle et loyal!
(Au page qui porte les deux épées.)
Donnez-moi Durandal...

(Il prend l'épée.)
Te voilà délivrée,
Durandal! — C'est bien toi! C'est ta lame sacrée;
Je reconnais l'acier, et dans ta garde d'or
Les reliques... Voyez, elles y sont encor!
Oh! Laisse-moi presser mes lèvres sur ta lame,
Épée illustre et sainte où Roland mit son âme!
Que tu devais souffrir, captive des païens!
Console-toi : c'est moi, moi le roi, qui te tiens!
— Mon Roland t'attendait dans sa demeure sombre,
Nous irons t'y placer pour réjouir son ombre.
(Il va placer Durandal sur le trône, puis revient vers Gérald.)
Repose jusque-là sur le trône royal,
Sous les plis du drapeau de France, ô Durandal!
— Gérald, voici le prix que ta valeur réclame :
La fille de Roland demain sera ta femme ;

Viens maintenant, au pied des autels prosterné,
Offrir ce grand triomphe à qui nous l'a donné !

(Tout le monde sort, excepté Amaury qui est resté jusque-là perdu dans la foule.)

SCÈNE VII.

GANELON, seul.

Non, non, je n'irai pas ! Non je n'en suis pas digne !
Mon fils doit triompher sans moi, je m'y résigne.
D'ailleurs, trop de regards se fixeraient sur moi,
Et je me trahirais rien que par mon effroi.
— J'ai dû venir ici pourtant : ma résistance
Eût étonné Gérald... j'ai bien fait, plus j'y pense;
Pour la justifier j'ai cherché des raisons,
Mais déjà de Gérald s'éveillaient les soupçons.
— Palais de Charlemagne, ô sublime demeure,
Seuil que mes pas tremblants ont franchi tout à l'heure,
Murs illustres, donjon où le grand aigle d'or
Semble sur l'univers mesurer son essor,
Champ clos, perron d'acier, magnifique chapelle,
Tout est plein de ma honte et tout me la rappelle !
— Ma honte... mais moi seul je la connais ici,
Mystère tous les jours sur moi plus épaissi ;
L'écuyer de Roland, à l'instant, ici même,
Ne m'a pas reconnu, pas plus que le duc Nayme!
— Donc, devant Charlemagne, ainsi que je le dois,
Je prêterai serment pour le fief de Montblois ;
Et puis, je m'en irai, là-bas, attendre l'heure
De la mort, que mon fils m'aura faite meilleure...

— Mon fils ! mon fils ! O joie ! ô merveille ! ô bonheur !
O fils qui de son père a recréé l'honneur !
Jusqu'ici je sentais, là, mon crime incurable
Qui me rongeait le sein... Sois guéri, misérable !
Mon mal vient de mourir ! Je ne suis plus ici
Que ton père, Gérald ! O mon Gérald, merci !
C'est de toi que me vient ce souffle de clémence ;
Le passé, c'est l'effroi, l'angoisse, la démence ;
Mon fils, c'est l'avenir ; mon fils, c'est le pardon ;
O mon fils, mon Gérald, soit béni !

(Depuis un instant, Charlemagne est entré et il se trouve tout à coup en face d'Amaury.

SCÈNE VIII.

CHARLEMAGNE, AMAURY.

CHARLEMAGNE.

Ganelon !

AMAURY, reculant sous le regard de l'Empereur.

Grand Dieu !

CHARLEMAGNE.

C'est le malheur des rois de reconnaître,
Et trop tard bien souvent, le visage d'un traître !
Oui, c'est lui, Ganelon ! l'homme de Roncevaux !
Il sort donc de l'enfer pour des crimes nouveaux !

AMAURY.

Sire...

CHARLEMAGNE, s'éloignant de lui.

Pas un seul mot !

AMAURY.

Sire...

CHARLEMAGNE.

Tais-toi, te dis-je!
Quoi! cet homme, sauvé par quelque noir prodige,
Quand nos gloires semblaient refleurir aujourd'hui,
Quoi! cet homme revient! C'est bien lui! c'est bien lui!
— Tant mieux! Puisqu'autrefois il trompa ma colère,
Le second châtiment sera plus exemplaire :
Roland méritait bien d'être vengé deux fois !
Oui, dans ce même lieu qu'épouvante ta voix,
Ganelon, où jadis ma noble sœur, ta femme,
Mourut de honte après ta trahison infâme,
Où la belle Aude apprit la fin de son époux,
De Roland, et tomba morte, là, devant nous,
Sous ces murs indignés, traître qui fus mon frère,
Tu vas périr enfin!

SCÈNE IX.

LES MÊMES, GÉRALD.

GÉRALD.

Je vous cherchais, mon père.

CHARLEMAGNE.

Son père ? lui !

AMAURY.

Gérald, je demandais au roi
Une faveur nouvelle, une grâce... pour moi.

Je crains que ta présence, en ce que je dois dire,
Ne trouble mon esprit, mon fils...

GÉRALD.

Je me retire.

AMAURY.

Mais ne t'éloigne pas ; je te rappellerai
Quand il en sera temps.

GÉRALD.

Mon père, j'attendrai.

SCÈNE X.

AMAURY, CHARLEMAGNE.

CHARLEMAGNE.

Et Gérald est son fils ! Le sauveur de ma nièce,
Le vengeur de Roland, l'orgueil de ma vieillesse,
Ce héros, ce Gérald, dont je bénis le nom,
C'est le fils de ma sœur, le fils de Ganelon !

AMAURY, tombant à genoux.

Oui, sire, c'est mon fils ! Et je demande grâce,
Pour lui, mais pour lui seul, à vos pieds que j'embrasse
S'il apprend mon vrai nom, il mourra sous vos yeux.

CHARLEMAGNE.

Son fils ! son fils ! Par quel miracle, justes cieux !
Le fils de Ganelon, étant né d'un tel père,
A-t-il si noble cœur ?

AMAURY, baissant, puis relevant la tête.

Vous oubliez sa mère !
Ce qu'il a fait pour vous, ô mon juge, ô mon roi,
Vous le savez ; voici ce qu'il a fait pour moi.
Laissez-moi vous le dire à genoux, ô mon maître,
Comme on ouvre son âme au tribunal du prêtre.
Vous connaissez mon crime ; et moi, sire empereur,
Ce n'est que par mon fils que j'en compris l'horreur.
Ému contre Roland de l'âpre jalousie
Qu'ont tous les Neustriens pour les Francs d'Austrasie,
Croyant que je pouvais sans trahir me venger,
Pour lui livrer Roland j'appelai l'étranger ;
Le soir de Roncevaux, dans les plaines funèbres,
Je vis nos preux tombés au loin dans les ténèbres,
Et je n'éprouvai rien qu'un trouble vague, au lieu
De l'effroi de Caïn fuyant sous l'œil de Dieu !
Plus tard, je vis venir, par ces longues vallées,
L'étranger, l'ennemi, bannières déroulées,
Tous nos vainqueurs, les plus obscurs, les plus fameux,
Leurs lances qui semblaient orgueilleuses comme eux !
Et je ne ressentis que la stupide joie
Du chien quand le chasseur lui fait flairer sa proie !
Plus tard même, le jour de mon arrêt de mort,
Oui, sire, j'ignorais jusqu'au nom du remord.
Un moine me sauva. Ma colère, ma haine,
Me restaient ; ses discours, je les compris à peine.
Un jour, il m'apporta Gérald, puis il me dit :
« Ce qu'on t'a reproché, voudrais-tu qu'il le fît ? »
Je compris cette fois, sire empereur ; ma honte
M'apparut tout entière et de façon si prompte

Que j'ai voulu mourir. — « Tu vivras ! tu vivras,
« Dit le moine, et ton crime, ainsi tu l'expieras ;
« Nous ferons de ton fils, j'en ai la confiance,
« Un modèle d'honneur, de vertu, de vaillance ! »
Ainsi nous avons fait. Mais dès les premiers pas
Ce fut aisé : mon fils ne me ressemblait pas !
Et, ce fut mon orgueil et mon remords suprême,
Il rappelait Roland par son visage même,
Au point que mon esprit quelquefois ne savait
Si mon fils était mort ou si Roland vivait !
Alors, descendant mieux au fond de l'ancien crime,
J'éprouvai pour Roland, pour ma sainte victime,
Une admiration , un respect plein d'effroi,
Un amour douloureux et poignant...

CHARLEMAGNE.

Lève-toi !

AMAURY, debout.

Voilà, sire, comment l'œuvre du bien s'opère ;
Et maintenant jugez le fils avec le père.

CHARLEMAGNE.

O destins ! flots mouvants des choses d'ici bas.
Cœurs flottants et livrés à d'éternels combats !
Hélas ! combien de fois, orgueilleux que nous sommes,
Dieu doit prendre en pitié la justice des hommes !
Le dernier mot de tout, nul vivant ne le dit.
Voilà donc le mortel que j'ai le plus maudit !
Est-ce toi, Ganelon, qui parlais tout à l'heure ?
Tu pleures donc Roland, toi ! comme je le pleure ?
Tu l'as livré ! ton fils l'a vengé ! De quel nom

Te nommer maintenant : Amaury ? Ganelon ?
Lequel doit l'emporter, lorsque je considère
Et juge l'un par l'autre, ou le fils ou le père ?
— Gérald... Il faudrait donc, sans qu'il sache pourquoi,
Lui retirer soudain ma parole de roi ?
Et Berthe ? Il faudrait donc aussi... Mais elle l'aime !
Que résoudre, ô mon Dieu ? Double et sombre problème !
Ganelon et Roland !... Tant de honte et d'honneur !
Où sera la justice ? Inspirez-moi, Seigneur !

(La nuit est venue depuis un instant.)

Voici que la nuit tombe, et sous ses larges voiles
Dans l'ordre accoutumé surgissent les étoiles...
C'est mon livre suprême, et ces lettres de feu
M'ont souvent expliqué ce que m'ordonnait Dieu ;
Souvent j'ai lu là-haut, au vif flambeau des astres,
La victoire future ou les prochains désastres ;
Que, cette fois encor, mon esprit anxieux,
A défaut de la terre, interroge les cieux !
— O cieux ! mer immobile et d'azur inondée,
Où plongeait le regard des mages de Chaldée,
Vous que l'œil des méchants contemple avec effroi,
Astres révélateurs, cieux profonds, montrez-moi
Le vrai bien descendant de la source première,
La justice sereine et la pure lumière !
De ma pensée, ainsi que de mes yeux ravis,
Chassez l'ombre, ô soleils !...

(Charlemagne reste quelques instants les regards tournés vers le ciel, puis il revien
lentement vers Amaury.)

Rappelez votre fils !

AMAURY, appelant au dehors.

Gérald !

SCÈNE XI.

CHARLEMAGNE, AMAURY, GÉRALD.

CHARLEMAGNE.

Nous avons craint, chevalier, de surprendre
Par un trop brusque aveu le cœur d'un fils si tendre ;
Pendant votre duel, votre père, à l'instant
Où le sort du combat paraissait hésitant,
A fait ce vœu d'aller chercher en Palestine
La noble fin que Dieu peut-être lui destine !

GÉRALD.

Quoi, mon père, partir ! Me quitter au moment
Où le sort à mes jours sourit si doucement !

AMAURY.

Oui, mon fils, il le faut !

GÉRALD.

Après mes fiançailles ?

AMAURY.

Non, avant. Il le faut. D'où vient que tu tressailles ?
Quelle pensée as-tu ? Songe que c'est mon vœu :
Je suis mort pour le monde et n'appartiens qu'à Dieu,
Et je vais revêtir, mon fils, sans plus attendre,
L'habit de pèlerin que j'ai juré de prendre.

GÉRALD.

Eh quoi, lorsque j'aurai devant le dizainier,
Selon l'usage, offert le sol et le denier,

Quand je conduirai Berthe au seuil de la chapelle,
Pour en ouvrir la porte à l'épouse nouvelle...
Quoi, mon père, vous seul vous ne seriez pas là !

CHARLEMAGNE.

Non, comte Amaury ! Dieu n'exige point cela ;
Au désir de Gerald, moi le roi, je me range.
Attendez à demain ! A demain !

GÉRALD, à part.

C'est étrange !

FIN DU TROISIÈME ACTE.

ACTE QUATRIÈME.

Même décor qu'au troisième acte.

SCÈNE PREMIÈRE.

GÉRALD, BERTHE, LE DUC NAYME, RAGENHARDT, AMAURY, GEOFFROY, HARDRÉ, Jeunes Filles, Jeunes Seigneurs.

LE DUC NAYME, debout à gauche.

Approchez tous les deux, jeune fille et jeune homme ;
C'est Gérald de Montblois et Berthe qu'on vous nomme ?

GÉRALD ET BERTHE.

Oui, sire.

LE DUC NAYME.

L'Empereur m'ayant commis ce soin,
Moi, duc Nayme, prenant cette foule à témoin,
Ici du dizainier je remplirai la charge ;
L'Empereur veut ainsi d'une façon plus large
Honorer cet hymen... Venez donc devant moi
Échanger les présents, comme le veut la loi.
Mais, d'après cette loi dont aucun ne s'exempte,
Je dois interroger l'époux qui se présente,

Afin qu'il puisse encore, ayant mieux réfléchi,
Revenir sur ses pas avant le seuil franchi.
 . — Gérald, un homme fut, dans des temps héroïques,
Grand parmi les plus grands, parmi les plus stoïques ;
Vingt ans nous l'avons vu, marchant au doigt de Dieu
Sous son blanc gonfanon et son cimier de feu ;
Son courage était fait de sa haine du crime.
Il était généreux surtout et magnanime ;
Le soir de Roncevaux, dans le fatal vallon,
Quand Olivier mourant maudissait Ganelon :
« Tais-toi, lui dit Roland, plus de parole amère ;
« Épargne devant moi le mari de ma mère ! »
L'univers, où son nom vient toujours retentir,
Vénère maintenant le chevalier martyr,
Si bien que, nous offrant ce rare et noble exemple,
La tombe de Roland lui peut servir de temple !
Tel fut Roland. — Voici sa fille près de toi,
Sire Gérald ; avant de recevoir sa foi,
Cherche si dans ton cœur ferme, loyal, fidèle,
On ne peut rien trouver qui soit indigne d'elle.

GÉRALD.

Rien ! — Je peux donc offrir, messire dizainier,
Sur ce bouclier d'or le sol et le denier.

(Il présente à Berthe le bouclier qu'elle reçoit et remet à une de ses suivantes)

LE DUC NAYME.

Dame Berthe, à présent, selon le même usage,
Offrez au fiancé les dons du mariage.

BERTHE.

Messire dizainier, j'offre donc devant vous

Le manteau, puis l'épée, à mon futur époux.

(Une des suivantes remet à Gérald l'épée et le manteau qu'il fait passer à un seigneur de sa suite.)

LE DUC NAYME.

Et maintenant, il faut pour l'hymen qu'on espère,
Joindre au désir du fils la volonté du père.
— Venez, comte Amaury. Voici les fiancés ;
Ils ne peuvent sans vous être unis. Prononcez.

AMAURY, avançant lentement.

Sire duc... Pardonnez à mon trouble... Il me semble
Que pour moi cet honneur est trop grand, et je tremble ;
Je voudrais qu'en ce jour qui met tout au vrai prix,
Le père disparût dans la gloire du fils !
Après ce qu'il a fait, ce qu'il fera peut-être,
Mon fils est le vrai chef de famille, le maître !
Moi je ne suis plus rien, je ne peux rien, sinon
Sentir mon cœur frémir de tendresse à son nom.
Faites ce qu'il désire.

GÉRALD.

                Ah ! mon père... De grâce !...
Ma gloire, c'est d'avoir bien suivi votre trace.

AMAURY.

Ce que j'ai dit, Gérald, e dois le maintenir :
Moi, je suis le passé ; marche vers l'avenir !

LE DUC NAYME.

Comte Amaury, c'est bien ! — Pour que nul n'en ignore,
À tous, selon la loi, je fais appel encore.

Ainsi, par des motifs qu'a prévus cette loi,
Quelqu'un s'oppose-t-il à cet hymen?

RAGENHARDT, sortant de la foule.

Oui, moi.

GÉRALD ET BERTHE.

Ragenhardt!

AMAURY.

Le Saxon!

LE DUC NAYME.

Ah! je comprends sans doute:
La haine du vaincu se réveille. J'écoute.
Tu peux parler, Saxon.

RAGENHARDT.

La haine, avez-vous dit?
En effet, j'ai souffert, j'ai haï, j'ai maudit;
Je n'étais, n'ayant pas de Dieu qui m'avertisse,
Que la haine... Je suis à présent la justice!
Dame Berthe, Gérald, moi Saxon, vous Français.
Je me tairais encor si je vous haïssais,
Et laissant accomplir cet hymen exécrable,
Je parlerais quand tout serait irréparable!
Eh bien, non, non! Cela, je ne le ferai pas.
Et tous deux je vous sauve avant le dernier pas

LE DUC NAYME.

Explique-toi donc!

TOUS.

Oui!

AMAURY.

N'écoutez pas cet homme,
Il est notre ennemi.

RAGENHARDT.

Prends garde, toi qu'on nomme
Amaury !

AMAURY.

Que peux-tu ? quelles preuves as-tu
Pour attaquer mon fils, sa gloire, sa vertu ?

RAGENHARDT.

Je ne l'attaque pas, je le défends, te dis-je !

AMAURY.

Contre qui?

RAGENHARDT.

Contre toi.

LE DUC NAYME.

Parle donc, je l'exige.

AMAURY.

Non ! ne l'écoutez pas : il ment, il va mentir,
Mais j'épargnai sa vie, et c'est mon repentir.

RAGENHARDT.

Ton repentir, dis-tu? Tu n'en as donc pas d'autre ?
— Cet homme dont la main ose toucher la vôtre,
Je connais son passé, je connais son vrai nom,
Et je vais vous le dire à tous.

AMAURY.

Tu mens, Saxon,

Tu mens !

RAGENHARDT.

Eh bien, je vais devant l'empereur même,
Je vais donner la preuve, oui, la preuve suprème!
Oui, je le prouverai, cet homme que voici
Se nomme...

AMAURY bas, en allant jusqu'à lui.

Tais-toi ! pas devant lui ! pas ici !

RAGENHARDT.

Je suis plus généreux que toi, comte, j'espère,
Car c'est devant son fils que tu tuas mon père !
Je voudrais épargner Gérald, je ne le puis :
Les ombres des martyrs viendraient troubler mes nuits !
Je peux faire du moins, et cela doit suffire,
Qu'il apprenne par toi ce que je venais dire !
Parle donc à ton fils, toi-même, si tu veux.

AMAURY.

C'est bien... Reste, Gérald.

(Aux assistants.)

Qu'on nous laisse tous deux !

BERTHE.

Dieu ! qu'est-ce donc? Sur nous je sens comme un orage !

GEOFFROY, au duc Nayme montrant Amaury.

Voyez quelle pâleur a couvert son visage !

LE DUC NAYME.

Oui.

GEOFFROY, à Ragenhardt.

Qui donc es-tu, toi qu'à nos yeux étonnés...

RAGENHARDT.

Je vous l'ai dit : je suis la justice! Venez.

SCÈNE II.

AMAURY, GÉRALD.

GÉRALD.

Mon père... Ce Saxon... Cet homme est fou, je pense?

AMAURY.

Non!

GÉRALD.

Mais pour vous jeter une pareille offense
Il ne vous connaît pas?

AMAURY.

Il me connaît !

GÉRALD.

Eh quoi!
Un tel outrage...

AMAURY.

Est juste !

GÉRALD.

O mon Dieu ! quel effroi
Glace mon cœur !

AMAURY.

Gérald, que ton âme soit forte !
Comment cet homme a su la vérité, n'importe.

Ecoute. Mon vrai nom, ce n'est pas Amaury.
Il est un nom maudit de tous, partout flétri ;
L'homme qui le portait, ce nom qui déshonore,
On l'a cru mort, longtemps.

GÉRALD.

Eh ! bien ?

AMAURY.

Il vit encore.
Ce secret est connu du Saxon et du roi ;
Ganelon n'est pas mort.

GÉRALD.

Et Ganelon ?

AMAURY.

C'est moi.

GÉRALD.

Ah ! Berthe !

AMAURY.

O noble cœur ! O grande âme martyre !
Son premier cri n'a pas été pour me maudire !

GÉRALD.

Vous maudire... jamais ! Pas même en cet instant !
Comme vous avez dû souffrir ; je souffre tant !

AMAURY.

Ah ! parle-moi plutôt avec colère et haine ;
J'ai soif de tes mépris, s'ils soulagent ta peine !

GÉRALD.

Vous mépriser... jamais ! Je ne veux rien savoir

Sinon qu'enfant par vous j'ai compris le devoir,
L'honneur, le dévoûment, la fierté, le courage ;
Rien de bon n'est en moi qui ne soit votre ouvrage !
Quel que soit le démon qui vous put égarer,
Je reste votre fils... Mais laissez-moi pleurer !
— Ah ! quand elle apprit tout, dans ce jour de misère,
C'est ainsi, n'est-ce pas, que dut pleurer ma mère ?

AMAURY.

Gérald...

GÉRALD.

Ne parlez pas ! n'arrachez pas le fer !
Laissez le dard aigu se fixer dans la chair !
— Moi qui me rappelait ma fierté, ma vaillance,
Mon dévouement !... Hélas ! O mon orgueil, silence !
Je m'explique à présent ce que je sentais là,
Ce mal sombre, profond, hideux... C'était cela !
L'héritage fatal que l'homme n'est pas maître
De fuir !... Mon père ainsi l'avait reçu peut-être !
Oui, c'est vrai ! c'est bien vrai ! Je sens avec effroi
L'être mystérieux caché toujours en moi,
Qui supprime soudain mon existence ancienne,
Et qui me prend mon âme et me donne la sienne !
Je parle... c'est sa voix ! je marche... c'est son pas !
Ah ! c'est horrible !... Non, non, non ! je ne veux pas

AMAURY.

Gérald... Mais je n'ai pas le droit de te répondre,
Et rien que ton regard suffit à me confondre.
Charlemagne sans doute hier fut trop clément ;
Dieu l'est moins : ta douleur, voilà mon châtiment !

GÉRALD.

Ma douleur... il est vrai ! — J'ai mal compris ma tâche ;
Ce coup brutal du sort m'a trouvé presque lâche ;
Terrible fut le choc, mais en le recevant,
J'ai tremblé, j'ai pleuré, j'ai souffert en enfant t
Je suis homme à présent ! D'une âme plus virile
J'éloigne désormais toute plainte stérile ;
J'aurais dû, respectant la faute et le malheur,
Devant vous, dans mon sein, étouffer ma douleur ;
Mais l'expiation éclatante et suprême
Il faut que je la trouve, à l'instant, en moi-même ;
Pour racheter l'honneur de mon père et le mien,
Le ciel me donnera la force et le moyen ;
S'il est à ma blessure encore quelque remède,
Si terrible qu'il soit, je suis prêt ! que Dieu m'aide.

AMAURY.

Dieu t'inspire, Gérald ! Je ne peux désormais
Que t'approuver en tout ; à tout je me soumets.
Mon destin est fini ; je pars, cela doit être :
L'ombre que je jetais sur toi va disparaître ;
Mais laisse-moi mêler, en fuyant de ce seuil,
A mes larmes de honte une larme d'orgueil.
Hélas ! plein d'une horreur que ta pitié tempère,
Sans doute en ce moment tu te dis : c'est mon père !
Mais moi, plein d'un orgueil inconnu, je me dis :
— Pardonne-moi, Gérald ! — je me dis : c'est mon fils !

GÉRALD.

Mon père !

AMAURY.

Adieu, Gérald !

1

GÉRALD.

Mon père !

AMAURY.

                                Un jour, peut-être,
— Bientôt si je pouvais, mais Dieu seul est le maître ! —
Quand cette vie aura cessé de me punir,
Quand je ne serai plus qu'un lointain souvenir,
Gérald, malgré mon crime immense, irréparable,
Songe qu'il t'aimait bien, ce cœur si misérable,
Et que je l'ai trouvé, mon plus dur châtiment,
A voir tes bras pour moi fermés en ce moment !

GÉRALD, lui ouvrant ses bras.

Ah ! mon père !

AMAURY.

                        Mon fils ! — Maintenant je te laisse ;
Adieu, mon fils ! Plus tard j'aurais trop de faiblesse !
J'entends venir, je fuis : je serais trop honteux
Si le père et le fils se trouvaient devant eux !

(Amaury sort par la gauche. Gérald reste immobile sur le devant de la scène et
se retourne à demi à l'aspect de Charlemagne, de Berthe, du duc Nayme et de toute
la cour qui entrent par le fond.)

SCÈNE III.

GÉRALD, CHARLEMAGNE, BERTHE, LE DUC NAYME,
HARDRÉ, GEOFFROY, et AUTRES SEIGNEURS.

GÉRALD, à part.

Les voici !... l'Empereur... le frère de ma mère !

Le duc Nayme... tous ceux qui m'admiraient naguère !
Berthe !... Berthe !... O mon Dieu! m'avez-vous donc maudit ?

CHARLEMAGNE, au fond, entouré de tous les seigneurs.

Gérald, devant ma cour le Saxon a tout dit,
Dieu vient de te frapper dans ta noble espérance :
A ta gloire, Gérald, il manquait la souffrance !
— Barons, ducs, chevaliers, vous tous qui m'entourez,
Si ma justice a pu faillir, vous jugerez :
Je savais tout hier ; sans haine ou complaisance,
J'ai dû mettre le crime et la gloire en présence ;
Mais j'eus tort en voulant qu'après ce long oubli,
Ce secret dans mon sein restât enseveli,
Car un roi doit à tous, quoi qu'on puisse prétendre,
Dire la vérité comme il devrait l'entendre !
J'eus tort, l'événement me le prouve trop bien !
Donnez donc votre avis, même contre le mien.
Autrefois, en un jour douloureux pour moi-même,
J'assemblai mes seigneurs en tribunal suprême,
Et c'est dans ce conseil que ma voix proclama
L'union d'Eginhardt et de ma fille Emma.
Ce qu'ils furent jadis, vous le serez sans doute :
Bons et droits justiciers ! Parlez, je vous écoute.

LE DUC NAYME, descendant vers Gérald.

Gérald, le lendemain de Roncevaux, tandis
Que nous luttions depuis la veille un contre dix,
Je fus blessé, vaincu, par Danabeis le More ;
(Montrant son front.)
La cicatrice est là : tu peux la voir encore.
Honneur à toi, Gérald ! Ton triomphe d'hier
A racheté l'honneur de ton père. — Sois fier,

Car devant toi, héros que la faveur divine
Nous a donné, moi, prince et vieillard je m'incline !

HARDRÉ, descendant vers Gérald.

Honneur à toi, Gérald ! — Messire chevalier,
Je suis le dernier fils du baron Angelier,
Au champ de Roncevaux mort pour la foi chrétienne.
Permets qu'en ce moment ma main serre la tienne !

GEOFFROY descendant vers Gérald, avec son jeune frère.

Le soir de Roncevaux, l'archevêque Turpin,
Tandis que la bataille arrivait à sa fin,
Tomba près de Roland. Roland, cachant ses larmes,
Alla chercher les corps de ses compagnons d'armes ;
Aux pieds de l'archevêque il étendit les morts,
Le duc Sanche, Anséis, et bien d'autres ! Alors
L'archevêque, au Seigneur offrant cette hécatombe,
Bénit tous ces martyrs ; puis, lui-même succombe.
— Hugon et moi, Gérald, nous sommes les neveux
De Turpin ; nous serons tes frères, si tu veux !

RICHARD, allant à pas lents vers Gérald.

Sire, Gérald, pardon !... moi, vieil homme de guerre.
Je vous dirais trop mal .. mes larmes, ce n'est guère ;
Mais laissez-moi pleurer, en baisant à genoux
Cette main qui vengea mon Roland... et nous tous !

CHARLEMAGNE, du haut de son trône.

Le soir de Roncevaux, sous l'ombre des grands arbres,
Aux coups dont son épée avait taillé les marbres,
Je reconnus Roland ; je le pris dans mes bras,
Jurant de le pleurer tous mes jours d'ici-bas ;
Puis, dans l'herbe du val de sang toute trempée,

Autour du héros mort je cherchai son épée ;
Je ne la trouvai point, et ce fut un grand deuil,
Car il avait toujours témoigné cet orgueil
De vouloir au tombeau dormir à côté d'elle ;
Il fallut la laisser aux mains de l'infidèle ;
— C'est grâce à toi, Gérald, que, dans un jour plus beau,
Le glaive saint ira le rejoindre au tombeau !
Sois donc glorifié, vengeur de la patrie ;
Sois fier dans ta douleur, dans ton âme meurtrie ;
Et prends ta place, ainsi que je l'avais promis,
Sur les marches du trône, à côté de mes fils !

LE DUC NAYME.

Sois fier, Gérald !

TOUS LES SEIGNEURS.

Sois fier !

CHARLEMAGNE.

Et toi, Berthe, ma fille.
Toi qui maintiens si haut l'honneur de la famille,
Parle : il faut que chacun soit juge et soit témoin ;
Parle à ton tour.

BERTHE.

Eh quoi, sire, en est-il besoin ?
Un mot suffit : l'autel est prêt, et je suis prête.
Allons, Gérald, allons ! — Pourquoi baisser la tête ?
(Gérald reste immobile.)
Pourquoi détournes-tu les yeux, Gérald ? Pourquoi
Ce silence obstiné ? Douterais-tu de moi ?
Veux-tu que je le dise à haute voix encore ?

(A tous les assistants.)

J'aime sire Gérald, autant que je l'honore ;
Je l'aime maintenant d'un cœur plus attendri,
Car ce qui l'a frappé ne l'a pas amoindri ;
Son honneur reste pur dans la cruelle épreuve,
Et la source n'a pas empoisonné le fleuve.
Je lui donnai mon âme, ici comme à Montblois,
Pour sa jeune vertu, pour ses nouveaux exploits,
Et je ne saurais pas de trahison plus noire
D'aimer moins son affront que je n'aimais sa gloire !
— Viens maintenant, Gérald !

CHARLEMAGNE.

                     Viens, Gérald, et reçois
La main que t'offre Berthe une seconde fois.

GÉRALD.

Sire, je vous bénis dans mon âme confuse,
Mais ce dernier bienfait, sire, je le refuse.

BERTHE.

Dieu ! Gérald !

GÉRALD.

             Laissez-moi m'expliquer devant vous,
Devant l'Empereur, Berthe, ainsi que devant tous :
Oui, sire, ce bienfait, cette faveur insigne,
C'est en les refusant que j'en puis être digne !
J'entends là cette voix qui ne saurait mentir :
Je suis le fils du crime, et non du repentir !
Afin qu'aux yeux de tous la leçon soit plus haute,
Je veux que le malheur soit plus grand que la faute !
Et le père sera d'autant mieux pardonné

Que le fils innocent se sera condamné !
Sans cela l'on dirait, en citant mon exemple,
Que l'expiation ne fut point assez ample,
Et j'aime mieux briser mon cœur en ce moment
Que d'être un jour témoin de votre étonnement !
Oui, vous-mêmes, vous tous qui plaignez mes souffrances,
Vous qui me consolez dans mes horribles transes,
Peut-être cet élan de vos cœurs généreux
S'arrêterait bientôt à me voir plus heureux !
Mon père s'exilait ; nous partirons ensemble ;
Il sied que le destin jusqu'au bout nous rassemble.
— Que mon malheur du moins serve à tous de leçon :
Pour mieux vaincre à jamais l'esprit de trahison,
Songez à vos enfants ! Songez que d'un tel crime
Votre race serait l'éternelle victime,
Et que tous les remords, tous les pleurs d'ici-bas,
Toutes les eaux du ciel ne l'effaceraient pas !

BERTHE.

Tu veux partir, Gérald !

GÉRALD.

Oui, Berthe !

BERTHE.

Ah ! si tu m'aimes,
Ne sois pas seul, Gérald, si cruel pour nous-mêmes !

GÉRALD.

Je n'ose plus t'aimer !

BERTHE.

Et moi, Gérald, et moi ?
Pour me frapper ainsi que t'ai-je fait ? Pourquoi ?

GÉRALD.

Le sort nous frappe seul !

BERTHE.

N'en sois donc pas complice !
Ne perds pas le bonheur...

GÉRALD.

Veux-tu que j'en rougisse ?

BERTHE.

Regarde l'avenir.

GÉRALD.

Je vois trop le passé !

BERTHE.

Eh bien, si pour toi seul il n'est pas effacé,
S'il ne te suffit pas que l'Empereur pardonne,
S'il faut que la mort parle et que le ciel ordonne,
Eh bien, Gérald, au nom de mon père...

GÉRALD.

Plus bas :

Le mien pourrait entendre !

BERTHE, tombant dans les bras de ses suivantes.

Ah ! plus d'espoir, hélas !

GÉRALD, allant vers Charlemagne.

Sire, devant ces pleurs venez à ma défense !
Je ne peux rien céder contre ma conscience,
Tout espoir me rendrait à moi-même odieux :
La fille de Roland au fils de... Justes dieux !

Non, jamais ! Sa pitié ne voit que mon martyre,
Aujourd'hui... Mais demain ! Vous m'avez compris, sire !

CHARLEMAGNE.

C'est vrai, Gérald ! Ton roi, ton juge et ton seigneur,
Ne te saurait blâmer pour cet excès d'honneur ;
Mais, comme roi, voici ma sentence dernière :
Hier, pour délivrer Durandal prisonnière,
Je t'ai prêté Joyeuse. — Aujourd'hui, je fais mieux :
Il faut à ton courage un prix plus glorieux ;
Je veux que Durandal désormais t'appartienne,
Car la main de Roland la mettrait dans la tienne !
La noble épée a soif du sang de l'étranger ;
Toi son libérateur, mène-la se venger ;
Et quand vous aurez fait ce qu'il faut faire encore,
Quand vous aurez chassé, du couchant à l'aurore,
Nos derniers ennemis comme un troupeau tremblant,
Tu la rapporteras au tombeau de Roland !

GÉRALD.

Oui, sire, à son tombeau, là-bas ! en Aquitaine !
Et puis, j'irai chercher une mort plus lointaine.

BERTHE.

Et si la mort te fuit, Gérald ?

GÉRALD.

Je marcherai
Si loin et d'un tel pas que je la trouverai !

BERTHE, après un long silence.

Eh bien... je me soumets : qui t'aime te ressemble !
Dieu fit nos cœurs pareils : que Dieu seul les rassemble !
— Adieu, Gérald !

CHARLEMAGNE.

Barons, princes, inclinez-vous
Devant celui qui part : il est plus grand que nous !

(Gérald, Durandal à la main, s'éloigne au milieu des épées de tous les seigneurs inclinées devant lui, tandis que Berthe lui montre du doigt le ciel.)

FIN

Clichy.— imp. Paul Dupont, 12, rue du Bac-d'Asnières. (253, 2-5.)

www.ingramcontent.com/pod-product-compliance
Ingram Content Group UK Ltd.
Pitfield, Milton Keynes, MK11 3LW, UK
UKHW031841170726
13836UKWH00004B/1808